——教学法与应用实例

张笑难 ◎ 编著

HANYUXIEZUO
JIAOXUEFAYU
YINGYONGSHILI

北京·旅游教育出版社

针对外国留学生的汉语写作教学与中国学生的写文章有着很大的不同。对留学生的汉语写作教学,目的不是培养学生掌握高超的写作技巧,而是通过"写"这项技能来提高学生的汉语表达能力。一方面要帮助学生复习、巩固所学过的语言知识,另一方面要培养学生用汉语进行思维并进行书面表达的能力。

较高的写作能力是学习者具有较高的汉语水平的重要标志。但在汉语听说读写各项语言技能中,"写"是学生能力普遍薄弱的一环,也是教学训练的难点。即便是中高级水平的学生,不少人也对写作有畏难情绪。因此,教师要在教学实践中不断探索和创新,找出适合不同汉语水平留学生的写作教学方法,激发学生的写作兴趣,提高写作水平。

在汉语教学活动中,教学方法至关重要。教学方法不同,教学效果可能会有明显差异。随着第二语言写作理论和实践的发展,各种教学法应运而生。"教无定法",没有任何一种适合所有情境的教学法。将这些方法应用于汉语写作教学时,应紧密结合汉语教学的实际情况,针对教学观念、教学目的、教学手段、教学环境和教学对象的不同进行选择和调整。

本书共分为八章,每章包括五方面内容:相关教学法介绍、实施步骤、应用实例、练习以及学生习作。笔者从事国际汉语教学工作二十多年,长期在教学第一线,教过的留学生数以千计,从多年的写作教学实践中积累了较为丰富的素材和经验。将仿写法、续写法、改写法、任务型教学法、主题型单元写作教学法、内容型写作教学法、过程法、互联网辅助过程写作教学法、过程体裁写作教学法等应用于中高级汉语写作教学中,结合具体应用实例,详细说明写作教学实施步骤，突出指导性和可操作性。书中部分例文选自中级汉语综合课教材中的相关课文，题材广泛，体裁多样，难易度适中。在学生习作的选择上，选取笔者历年所任教班级的留学生在相关写作教学法指导下完成的优秀习作，供学习者参考。

本书适用于中高级水平的汉语学习者及汉语国际教育本科生、硕士研究生，也可供海外汉语教师志愿者以及从事汉语写作教学的教师参考。由于笔者水平有限，本书还有很多不足之处，敬请批评指正。

编者

2021年9月

目录

第一章 仿写法及应用实例 …… 1
  一、仿写法 …… 1
  二、实施步骤 …… 5
  三、应用实例 …… 6
  四、练习 …… 10
  五、学生习作 …… 10

第二章 续写法及应用实例 …… 16
  一、续写法 …… 16
  二、实施步骤 …… 17
  三、应用实例 …… 18
  四、练习 …… 22
  五、学生习作 …… 23

第三章 改写法及应用实例 …… 26
  一、改写法 …… 26
  二、实施步骤 …… 27
  三、应用实例 …… 28
  四、练习 …… 38
  五、学生习作 …… 44

第四章　任务型写作教学法及应用实例 ……………………… 54
一、任务型教学法 ………………………………………………… 54
二、实施步骤 ……………………………………………………… 56
三、应用实例 ……………………………………………………… 58
四、练习 …………………………………………………………… 60
五、学生习作 ……………………………………………………… 62

第五章　任务型主题单元写作教学法及应用实例 ……………… 68
一、任务型主题单元写作教学法 ………………………………… 68
二、实施步骤 ……………………………………………………… 71
三、应用实例 ……………………………………………………… 73
四、练习 …………………………………………………………… 76
五、学生习作 ……………………………………………………… 79

第六章　内容型写作教学法及应用实例 ………………………… 85
一、内容型写作教学法 …………………………………………… 85
二、实施步骤 ……………………………………………………… 87
三、应用实例 ……………………………………………………… 89
四、练习 …………………………………………………………… 93
五、学生习作 ……………………………………………………… 96

第七章　互联网辅助过程写作教学法及应用实例 ……………… 107
一、互联网辅助过程写作教学法 ………………………………… 107
二、实施步骤 ……………………………………………………… 109
三、应用实例 ……………………………………………………… 112
四、练习 …………………………………………………………… 118
五、学生习作 ……………………………………………………… 120

第八章　过程体裁写作教学法及应用实例 …………………………… 124
一、过程体裁写作教学法 ……………………………………………… 124
二、实施步骤 …………………………………………………………… 126
三、应用实例 …………………………………………………………… 128
四、练习 ………………………………………………………………… 145
五、学生习作 …………………………………………………………… 149

主要参考文献 …………………………………………………………… 191

第一章　仿写法及应用实例

一、仿写法

1. 概念内涵

仿写（Imitation Writing），就是提供语言材料，要求学生参照这份语言材料进行模仿写作。写作是一种技能，这种能力的形成一般要经过积累、模仿、创造三个阶段。积累就是尽可能多地获取语言信息，为写作储备必要的素材以及图式，通过对比、模仿转化为写作能力。模仿不是抄袭，要以理解范文为基础，把握范文中的语言、结构及写作技巧，从中得到启发。因此，模仿的关键在于转化及创造。模仿是一个复杂的心理过程，也是语言学习和锻炼语言能力的一种重要手段。学习者模仿某一语言结构的前提是正确理解它并将其存贮在记忆中，而记忆里存贮语言信息的能力往往要依赖原有的语言知识结构。据此，也可以将模仿机制运用到汉语写作教学中。

仿写是对自由表达加以限制的一种表达方式，在一定程度上降低了学生写作的难度。而且好的语言材料往往能激发学生写作动机，打开学生写作思路，引发联想，激发灵感，让学生产生写作欲望，尽管也会出现对范文的模仿痕迹过于严重的现象，限制学生构思作品的思路。汉语写作训练的初、中级阶段应以限制和模仿为主。在训练的初始阶段如果缺少限制与模仿的练习，会导致学生完全依赖母语进行思维和表达，这是非常有害的。在模仿中学生不仅能锻炼语言能力，而且可以培养他们用汉语思维的习惯，并有助于最终达到完全自由表达的阶段。外国留学生大多是成年人，他们已经具备了母语的写作能力。他们所缺乏的主要是对汉语表达方式的了解。通过写作训练，使他们了解汉语写作与他们的母语写作之间的差异，在句子层次上有语法和词语搭配问题，在段落层次上有句与句之间的连接问题，在语篇层次上有主题表达问题和篇章结构问题等。通过写作练习使他们形成习惯、形成技能。

2. 仿写原则

仿写要把握循序渐进的训练原则，从易到难，从简单到复杂，从语段到篇章，让学生系统地进行练习，使学生的写作能力在有计划地控制之下逐步提高。模仿可以是多方面的：仿写语段，掌握句与句之间的衔接与连贯；模仿语篇的组织方式和结构；模仿某类文体或语体，掌握其特点。也就是说，文章的语言表达方式、篇章结构、文体等均可模仿，但要求学生必须灵活运用，切忌生搬硬套。仿写可以将训练难点按句子—语段—语篇进行层层分解，根据初、中、高三个阶段不同的训练层次和进度提供模仿样本，引导学生逐步掌握正确的书面表达方式并加以运用；可以促使学生运用一些难度大的、较复杂的句式或表达形式，防止学生在写作中回避难点，影响写作能力的全面提高。

3. 理论基础

（1）输入假设（The Input Hypothesis）

克拉申（Krashen）的输入假说认为，习得目标语的必要条件就是要摄入大量可理解性的知识。输入是首位，脱离了输入的输出难以有效持续。"可理解输入"是指学习者接收到的语言难度水平应比其已达到的水平要高，以帮助学生理解学习内容且促进其进步。假设学习者现有语言水平为 i，则 i+1 就是接下来他要发展到的程度。在满足可理解性、关联性、趣味性、充足输入量这些特点的基础上，i+1 的输入便可以成立。输入假说特别强调的两点是：一是输入的数量。足够的语言输入能第一时间刺激学习者，激活其潜在的知识，促进语言的发生。二是输入的质量。输入的材料要有趣味性，难度不能过高。

在模仿写作教学中，教师通过选择合适的阅读材料——综合课课文，帮助学习者输入适合他们认知发展水平 i+1 程度的知识，增强学生的信心，排除写作焦虑感，完成写作任务。

（2）输出假设（The Output Hypothesis）

斯温（Swain）认为输入假说理论的缺陷是过于强调输入的必要性而忽略了输出的重要性。输入固然重要，但除了接收足够的有质量的输入外还要产生有意义的输出才可称得上是一个完整的习得过程。输出假设认为输出的主要作用是：①输出能引起学习者对语言问题的注意，输出目的语的活动能促使学习者注意或认识到自己的语言问题；②输出能对目的语的结构及语义进行假设检验，学习者在输出时，会尝试用恰当的目的语词汇或形式表达自己的看法；③输出具有元语言功能，学习者在输出过程中，会反省自己输出的语言正确、得体与否，进行一定的修正，从而反过来促进二语学习。

鉴于输出在促进第二语言习得方面的重要作用，在汉语写作教学中应该有意识地让学生注意输入材料的语言特征，充分利用输出引起学习者对自身语言问题的注意，并意识到中介语与目的语之间的差异。语言学习是一个逐步积累范例的过程。流利运用语言的基础就是凭借储存在记忆中的大量言语范例。学习者必须经过大量的语言实践活动才能内化输入的语言，最后达到习得语言的目的。我们有必要利用综合课课文，加强学生对语言知识输入的吸收和消化的训练，促进写作水平的提高。

（3）建构主义学习理论

建构主义理论认为，语言习得不是把语言知识从外界搬到记忆中，而是以已有经验为基础，通过与外界的相互作用，运用已有的认知结构对信息进行加工建构而成。第二语言学习者一方面要学会利用自己头脑中的目的语表征结合选择性的输入材料来构建话语；另一方面又要从话语中学习新的语言材料，以构建和改进自己的中介语体系。这是一个双向的、动态的、不断反复的过程。

建构主义提倡支架式、抛锚式等教学模式。支架式教学（scaffolding instruction）是以前苏联著名心理语言学家Vygotsky（维果茨基）的"紧邻发展区域"理论为依据的。维果茨基认为，学习者的进步主要是在紧邻发展区域内完成的，因而设计学习活动时要使其难度属于这个区域之内。在学习活动中，学习者得到的帮助逐渐减少，直至独立完成任务，这就是"脚手架过程"。也就是说，先给学习者搭一个脚手架，随着学习者能力的发展，逐步拆除脚手架。

建构主义认为，写作与阅读都应被看作是意义的建构、修正和形成的过程。学习者不是空着脑袋进行阅读和写作，他们的原有经验各不相同，对同一种事物的解释和理解也不相同。他们在阅读和写作时，原有经验与新的意义进行互动，建构自己新的经验。因此，当学习者将阅读的文章定为信息源，在进行写作之前，他早已在大脑中为写作进行意义上的建构。阅读时，他可能预设了一些观点，这些观点引导他对有关的材料进行选择，然后在大脑中对这些材料进行组织建构，并与原有的知识进行联系。在这个阅读和写作的过程中，学习者是不只对阅读的材料进行意义建构，而且还对所写的文章进行了意义建构，其间不断进行各种形式转换。

4. 基于综合课课文仿写

一般来说，写作选用的范文要具有以下特点：文体连贯，用词造句恰当，文章脉络清晰；语法正确；语段无明显错误，句段间衔接得体；有一定新生词，篇幅适中；条理清晰，内容丰富。课文是教材中的精华，因此课文就是优秀的范文。

学习者最初接触到的教学资源就是教材，它为学习者源源不断地供应新鲜的语言材料。围绕教材进行的写作活动形式多样，内容丰富。好的文本可以给学习者提供范式，让学习者在获得情感体验的同时有自己的感悟，有想表达的愿望。课文题材广泛，体裁多样，难易程度适中，适合学习者做仿写、续写、改写等练习。这些写作训练既能加深学生对课文的理解，又有助于学生用汉语进行思维和表达，从而提高学生的综合语言运用能力。

在汉语作为第二语言教学中，传统上所说的精读课有着举足轻重的作用。它是一门对学生综合能力进行培养的课程，所以也叫综合课。《高等学校外国留学生汉语教学大纲》指出，综合课是承担系统的语言教学任务的主要课型，是进行听说读写综合训练的课型。所谓"综合"，具有两个方面的含义：一是教学内容上的综合。它不仅要培养学生的言语技能和言语交际技能，还要提供技能训练所必需的基础材料——言语要素以及有关的文化知识和语言知识。二是在技能训练方式上，它采用的是综合训练的方式。总而言之，综合课是一门集语言知识和必要的语言文化背景知识及交际技能教学为一体的课型。

综合课教材在整个汉语教学环节中占据非常重要的位置，它是总体设计的具体体现，同时又是课堂教学和测试的依据，起着重要的纽带作用。汉语综合课往往以课文的讲解为主，而文章的语言知识点、篇章结构和主题是学习一篇课文的几个要素。因此，基于精读课课文的模仿写作也应从这几个方面入手。学生了解、掌握了课文的主题、篇章结构和语言知识，就有机会练习写作各种常见的大众话题，从有材料可依的写作方式逐渐过渡到脱离材料进行自由写作的方式，从而提高学生的写作能力。

二、实施步骤

仿写不仅仅是范文简单地照搬，而是在范文的指导与启发下，以新的形式或者内容创造出自己的作品。仿写一般分为仿内容、仿思路、仿体裁等几种形式。仿内容是指模仿范文的词语、句子等语言表达；仿思路是模仿写作技巧、表述方式和构思脉络等；仿体裁，比如模仿记叙文、说明文、议论文等不同体裁。

1. 对用作模仿样本的课文进行讲解

通过课文讲解分析启发学生对文章中语言点的理解。教师可以利用多种方法，对文章中涉及的重点词汇、短语或句型进行示范讲解。注意词与词之间的搭配、句与句之间的衔接。学生在教师示范的语言规则运用的情境中，领会这些语言知识的具体用法，获得在写作时正确输出语言的能力。

2. 帮助学生理清篇章结构

通过分析课文，指导学生划分段落、层次，掌握文章的逻辑结构，明白作者表述主题的思路。

3. 布置与综合课课文主题、内容相关的写作任务

在写作课中，布置与综合课课文主题、内容相关的写作任务。学生可模仿综合课课文中的语言形式、语段或者语篇结构、组织方式等进行写作。写作任务不能太难，让学生感到有话可说，既有压力感又有成就感。

三、应用实例

中级阶段写作训练的主要任务是组句成段和谋段成章,写作训练的重点是加强语段、语篇练习。语言运用的目标存在于三个方面:流利性、准确性、复杂性。但是留学生的汉语写作中,常常简单句多,复杂句少。其实句子的多样性应该是写作质量的重要评估标准。在综合课教学中,培养学生自觉地多使用结构化的复杂句式,在写作时尽量达到语言运用流利性、准确性、复杂性兼备的目标。

中级汉语综合课课文包括多种体裁和内容的文章,是留学生学习写作的良好范文。模仿写作从语篇的表达功能入手,学生按照叙述性语篇、描写性语篇、说明性语篇、论证性语篇的结构形式,学习如何叙述一件事情,如何描写一个人物、情景或事物,如何说明一个问题或事物,如何论证一个道理或观点。课文就是给学生提供的完整范文,学生可以学习如何开头、结尾,如何展开正文。教师可以列出文章的重点词语,将其按照文章逻辑线索整齐排列,引导学生掌握文章主题。划分段落、层次,帮助学生理清篇章结构,了解作者表述问题的思路。

1. 人物描写模仿写作

模仿中级汉语综合课教材《实用汉语中级教程——桥梁》下册(陈灼主编,北京语言大学出版社,2012)第十九课"健忘的教授",进行人物描写。

(1)首先,启发学生对课文中语言点的理解,进行语段表达训练

对用作模仿样本的课文进行讲练,启发学生理解课文中的语言点,掌握词语搭配以及句与句之间的连贯衔接,进行语段表达。语段训练可采用多种方法。①问题引导:"教授和同学们的关系怎么样?"学生回答:教授和学生之间的关系很融洽。教授不但是学生们的老师,而且像他们的朋友一样。②模仿造句:除非大家都来,这个问题才有可能调查清楚,否则没有办法解决。(除非……否则……),让学生模仿例句的结构造句。③创设语境,提供词语:这位老师的特点是幽默(词语提示:才能、智慧、惊人、开心、一个劲儿、调皮、兴高采烈)。通过这些练习,使学生掌握汉语语段的连贯手法,提高成段

表达能力。

（2）其次，帮助学生理清篇章结构

描写性语篇是以所描写对象的特点为脉络，一般先介绍一个特点，然后描写一个实例来表现这个特点。"健忘的教授"是一个描写人物的描写性语篇，课文的主人公"伊里奇"教授，最大的特点就是"对一些事情有着惊人的健忘症"。为了表现这个特点，课文用四五个不同的例子加以说明：

教授健忘的笑话在全校广为流传。据说，他年轻时，有一天把儿子放在婴儿车里推出去散步，路上遇见了一个老同学，他和人家聊了起来，两个多小时后，他自己回了家，一进门还问妻子："咱们的儿子睡了吗？"

还有一次，他开自己的小汽车去一百多里外的C城，办完事后他排了两个多小时的队，买了一张长途汽车票乘车回了家。第二天上班时才想起来小汽车忘在了C城。

给我印象最深的却是伊里奇教授又一次因健忘而演出的"节目"。参加会议的学者都住在一个饭店里。早上去开会时，大家都把钥匙交给服务台。第一天会议结束后，我和伊里奇来到服务台，我报了自己的房间号，小姐便把我房间的钥匙交给了我。教授对我说："你先上去吧，我还有点儿事儿。"我刚刚走出几步，就听教授低声对服务员说："小姐，请问B大学来的伊里奇教授住几号房间？"我心里不禁笑了：这个健忘的教授还真狡猾！"805。"小姐回答。"请把钥匙交给我。""这怎么能行，客人还没回来。"教授小声说："我就是伊里奇教授。""先生，请您不要开玩笑。"教授忙掏出身份证，小姐这才把钥匙交给了他。

但除了日常生活中"健忘"这个特点外，教授对工作的态度是极其严谨的，课文将这两个特点穿插在一起用具体事例来表现：

教授虽然生活上粗心大意，但讲课却非常认真、吸引人。他的授课方法很灵活，经常把下一课该讲的题目先布置给几个学生分别回去看书查资料备课，然后由这几个学生讲课，其他同学则负责挑毛病。这种方法很妙，讲课的同学在备课时等于精学了一遍；听课的同学由于抱着挑毛病的心理，所以格外认真听，而且课堂气氛十分活跃。

伊里奇背着手一字一句地说：我口述的就是原来的试题，如果明天书面试题拿来，与我口述的有差别，那这次考试我就都算你们优秀。当考试进行到一半的时候，教授的女儿匆匆地推门进来："爸爸，这是您忘在家里的试题。"我们接到书面试题后，一对照，嘿，真神了，连标点符号都没错一个！

这些描写使人物形象非常生动有趣，给人留下深刻的印象。通过对课文的学习、分析，学生开始能够构建描述人物的篇章。

（3）最后，学生进行模仿写作

下面以留学生作文《马马虎虎的朋友》为例具体说明。

模仿课文开头结构及语言表达形式："教授名叫伊里奇，是B大学文学理论方面的权威，在绘画、音乐方面也有着惊人的才能。同时，对一些事情又有着惊人的健忘症。"

学生仿写："朋友名叫允静，是我高中时的同学，她在学习方面很认真，在画漫画方面也有出色的才能；同时，对一些事情却惊人的马虎。"

模仿正文展开方式："教授健忘的笑话在全校广为流传。据说，他年轻时，有一天把儿子放在婴儿车里推出去散步，路上遇见了一个老同学，他和人家聊了起来，两个多小时后，他自己回了家，一进门还问妻子：'咱们的儿子睡了吗？'还有一次，他开自己的小汽车去一百多里外的C城，办完事后他排了两个多小时的队，买了一张长途汽车票乘车回了家。第二天上班时才想起来小汽车忘在了C城。"

学生仿写："她的马马虎虎的笑话在全校广为流传。有一次，她跟朋友有个约会。她穿着新衣服，打扮得漂漂亮亮以后出去了。到了咖啡馆，等着朋友，她觉得有个人一个劲儿地看她。她想：'他肯定喜欢上了我，我今天打扮得这么漂亮。'这时那个人突然走过来，对她说：'你的衣服后边贴着商标，可能你忘了摘下来。'她一听就跑到附近的洗手间里去了，真是太不好意思了。下面接着描写，又有一次，她跟朋友们去海水浴……"

2. 说明性语篇模仿写作

学习了中级汉语综合课教材《桥梁》下册《中国人的姓和名》一课后，进行说明性语篇模仿写作。

　　说明性语篇以需要说明的内容为脉络，说明事物的位置、功能、做事的方式、过程，介绍事物的来源、发展等。语言要简练，目的是使人清楚明白。《中国人的姓和名》这篇课文，首先介绍了中国人的姓是怎么产生的；其次介绍姓的来源；最后介绍起名的习惯和名字的意义，逻辑结构很清楚，易于模仿。以下为学生模仿课文所写的《韩国人的姓和名》：

　　中国的《百家姓》里面一共收集了单姓408个，复姓30个。韩国的姓不到300个，常用的不太多。据2000年韩国人口调查统计，现有的韩国人的姓氏是286个。韩国人口最多的前十大姓：金、李、朴、崔、郑、姜、尹、赵、张、林。中韩姓名，都是姓在前，名在后。韩国的姓有单姓和双姓，名有单名、双名、三字名、多字名等。韩国人名字大部分都是汉字构成的，姓名基本上都用的是汉字。因为父母给儿女取名根据他们希望的意思选择相应的汉字，所以韩国人的名字就可以写成汉字。例如，예원（睿媛）是聪慧和漂亮的意思，준영（俊英）是帅的英雄的意思。不过现在也有很多人取名用纯粹的韩文。例如，나래意思是翅膀，하늘意思是天。此外，韩国没有像郭晶晶、李帅帅等叠字名。

　　对留学生来说，汉语作为一门外语，仅仅依赖于课堂上的教学不可能获得成功。因此，应将教学内容由课内向课外延伸，构成课内课外学习的立体交叉。教师结合课堂教学内容，鼓励学生在网上、报刊上获取相关信息。例如本课，指导学生通过网络、报刊等获取关于姓名的相关材料：中国排名前十位的大姓；同名同姓现象；中国人名的变迁等。根据教学的需要，将学生课外获取的这些语言材料进行课堂交流。通过对课文和这些语言材料主题和篇章结构的分析，同学们成功地写出了《韩国第一大姓"金"的来历》《日本近年最流行的男孩名和女孩名》《俄罗斯人的姓和名》等作文。在模仿中学生不仅锻炼了语言能力，而且培养了用汉语思维的习惯。

四、练习

1. 修改病句

(1) 我的朋友是个挑衅的人。

(2) 我喜欢有幽默的人,喜欢跟他散散步步。

(3) 他的音容笑貌非常好看好听。

(4) 她第一次来二外的时候,陌生二外的环境。

(5) 他吃了很多困难,他考不上考试。

(6) 她比我的眼睛很大。

2. 说一说有关表达人物特点的词语,如:健忘、幽默、聪明、懒惰、开朗、豁达、善解人意、乐观、诚实、热心、直率、勤奋、有责任心、多愁善感、小气、大度、温柔、坚强……

3. 二人一组,互相介绍一下你所了解的一个很有特点的人。为了清楚地说明他(她)的特点,举2~3个能说明这一特点的具体事例。

4. 模仿《健忘的教授》一文,进行人物描写,题目自拟。

五、学生习作

习作 1

健忘的常务董事

我读了《健忘的教授》这篇课文后,就想起了我以前的领导。他叫饭田,是我们公司的常务董事。除了我们公司以外,在室内装修行业里也是个很有名的人。同时和课文中的伊里奇教授一样,有着惊人的健忘症。

饭田常务董事健忘的笑话在公司广为流传。有一天,他和妻子一起去探望住院的爷爷,他一个人去了医生的办公室,向医生询问爷爷的病情,然后他自己回了家,把妻子一个人丢在病房里。

还有一次,我们公司举行高尔夫球比赛,大多数人合坐一辆电车去高尔夫球场，而他开自己的汽车去。比赛结束后，大家说说笑笑地坐电车回家，电车里热闹得好像宴会厅似的。大家都没想到，饭田常务董事也在电车上。第二天他的部下去高尔夫球场，才把他的汽车开回公司。

　　对他来说，把雨伞忘在哪儿了，把公文包忘在哪儿了，都是家常便饭。但是对待工作，他非常认真，并不是个健忘的人。不论多么小的约定，他都会记住。所以在顾客、朋友、下属中的威信很高。三年以前，我们的部门无利可赚，饭田常务董事告诉我们："如果你们的部门盈利了，那我一定请客，你们好好努力吧。"当我们的部门终于盈利的时候，他却调到大阪的有关公司去做总经理了。不过后来他真的来东京请我们客了。

　　他毕业于东京大学。东京大学是我们国家最好的、最难考的大学。在日本，考大学最需要的是记忆力。所以他的教授对他说："以后你绝对不要告诉别人你是东京大学毕业的。"

　　我提出辞职的时候，饭田常务董事也已经退休了。可是他听到我辞职去中国学习汉语的消息后，特意来公司告诉我："你的决心是对的。你要相信自己，对未来充满希望。"他没忘记我，我也会绝不忘记他告诉我的这句话。

习作 2

"足球迷"学长

　　我在服兵役时认识了一个学长，他叫 HWANG JAE SUNG。他在部队某行政部门工作。有一天我跟他一起站岗时，他告诉我，他是个足球迷，特别是对欧洲足球感兴趣：哪个队、有哪些队员，他什么都知道，甚至连个别足球运动员的转队费都知道。

　　他从高中起就到日本和香港去买著名足球运动员的队服和球鞋，然后回到韩国再到网上去卖。年纪轻轻就开始做生意了，而且还赚了不少钱。他也收集著名球星在比赛中穿的运动服和球鞋。他的藏品中最有价值的是 90 年代初意大利足球运动员 ROBERTO BAZZO 在意大利联赛、锦标赛中所穿的运动服。这一件球衣差不多几万到几十万块钱。

他在生活中除了足球以外，没有什么兴趣和爱好。早上起来就看足球报，中午也看，晚上回家不做别的事情，一直看有关足球的新闻和商品。他说有时候甚至连吃饭都忘了。

快服满兵役了，有一天他对我说：希望当完兵就去英国留学，既能学英语又能看英超比赛。他盼望能到 OLD TREPOTE 赛场去看曼联的比赛。

服完兵役过了一年了，有一天他突然给我打电话，说他终于到了英国，已经看了三次英超比赛，跟著名球星在一起合了影，每天都跟英超迷们聊世界足球的情况……日子过得很快乐！

他长久以来的愿望终于实现了！看他的样子，跟足球在一起有至高无上的幸福！

习作 3

"毒舌"老师

我在高中的时候，有一位老师给我留下了深刻的印象。他在我们学校除了给我们讲日本史以外，还负责学生工作。

我上高一的时候，他是高三的老师，所以我们高一学生一点儿都不认识他。可是一个月一次，开全校学生大会时，他每次登台都对我们所有的学生进行批评："你们学生的态度是什么呀？从这儿一眼望过去都是茶色。怎么都染头发？还有你们这些女学生，穿的校服裙子是不是太短了？真是……"他一批评我们就是 30 分钟，我从来没见过他的笑容，所以我想他是一个特别严厉、古板而且"毒舌"的人，因此我一直希望他别当我们班的老师。

升入高三的第一天，我的面前出现了一层厚厚的"黑云"，他来到了我们班，并且成了我们班的老师。他一进我们的教室大家就沉默起来了。他简单地介绍完自己后就出去了。我从那天开始非常担心以后的学生生活。高三意味着要高考，学习压力很大，更何况他是我们的老师。我觉得我怎么这么没有运气呢？

但是后来我上他的课，对他的印象慢慢地好起来了。他讲课讲得特别好，而且讲课时不太用教科书，发给学生自己弄的资料，按照它讲课。所有的内容他都能背下来，从他的口中准确地说出。我们真的迷上了他的课。跟他交流的时间越长，越了解他真正的性格。他其实是一个爱说话、跟学生关系特别融洽的人。我跟他商量关于高考的事情的时候，他一定先说："商量哪儿有用呢，你自己决定吧。"不过他还是会好好听我说，尽量了解我。

我们快毕业的时候，感觉完全不同了。我真舍不得那个老师。刚见到他时的那种感觉荡然无存，反而非常喜欢、尊敬他。我高中毕业后也偶尔去学校看他，他一见我就说"你怎么在这儿呢？这么闲的大学生！"虽然还是那么"毒舌"，但是他的神情很温柔。我现在想高三的时候能认识他很高兴。我能遇到这么好的老师，还是有好运气的！

习作4

"万能手"爸爸和"活动家"妈妈

我爸爸1952年出生于京畿道，从来没搬过家。他做了一辈子农活，由于天天跟太阳、土地一起生活，以致皮肤黑黑的，手粗粗的。因为他从早到晚不停地干活儿很辛苦，而且性格太精细，对每件事情想得太多，所以虽然有175公分高，但是体重却还不到60公斤。

我眼里的爸爸非常勤劳。手里总是拿着什么工具，钉锤啊锯啊什么的。他每次拿着这些东西的时候都创造出新的东西。我们一家人用他制造的东西方便地生活下去。

我的记忆里最初他造出来的东西就是我们住的房子。他高中时学过一段时间建筑，所以房子从设计到建成都是在他的照管下完成的，我们姐妹三个的青少年时代都是在那儿度过的。当时我们家旁边有一座山，我爸爸在那座山上种了好多蔬菜。他为了在做活儿的时候休息，在山上盖了一座凉棚，在那儿坐着，微风习习吹过来，特别凉爽。因而朋友们常常来玩，非常有意思。后来爸爸在家的屋顶上又盖了一座凉棚。我们家人常常在山上摘生菜、苏子叶、辣椒等等带回来到屋顶上去烤肉，甚至觉也在那儿睡了。不仅我们家人，而且我们饲养的狗、兔子、鸡、牛、山羊等等都住在我爸爸搭的棚子里生活，吃着爸爸种的有机蔬菜。

我们家后边还有一座山。满山有栗树，但看起来没有主人。一到秋天，我们就去捡栗子回来，生着吃或蒸着吃。有一天爸爸又公开了他新发明的东西，就是烤栗子的机器。他说在路上卖的烤栗子比不了自己烤的。

除了这些东西以外，还有几种运动器具，连水塘都是他亲手挖的。在我们家的旱地还有个小的"昆明湖"。怎么样？我爸爸的手艺够厉害的吧！

我妈妈1958年出生于忠清道。1978年跟爸爸结婚。我妈说，她不喜欢她的家庭，想尽快结婚，但是嫁过来觉得侍奉公婆更辛苦。

我的爷爷在我一两岁时去世了，我不记得他。但是我记得奶奶还活着的时候妈妈的生活。从我小学时起奶奶慢慢有了痴呆症状，由于总是需要有人照看她的缘故，以致妈妈的生活也不自由。她不能走远，只能做家庭副业。她的交际范围大不了就是我们邻里周围。她出去的事情不是为了帮爸爸买种子，就是陪奶奶看病，走亲串友，偶尔去参加妇女会的会议。

后来奶奶去世了，她拥有了自由时间。跟妇女会成员一起去旅游。其中有我小学同学的母亲，也有我姐姐们同学的母亲。逐渐妈妈跟着她们去参加我们姐妹的家长会。孩子们之间的关系虽不太熟，但母亲们之间定期聚会。

2007年政府决定对我们村子进行重新开发。我妈又参加了"重新开发居民自治委员会"，每次会议都参与。妈妈去哪儿，就产生一个"聚会"，一种凝聚力。她为了减肥去健身房，跟在那儿见面的阿姨们组织了一个联谊会。最近这个联谊会的一位阿姨的公司要组织去中国旅游，她说又便宜待遇又好，所以我妈向另外一个联谊会的阿姨们说了，结果她们一起参加公司的旅游去了杭州。她喜欢爬山，又组织了一个登山会，每个月一起去爬一次山。其中一位阿姨的儿子想去国外旅行，我妈妈跟她说我在北京留学，让他儿子来中国旅行。

虽然她不工作，但是就这些聚会、大大小小的联谊会来说，她不亚于一般公司职员。我上次寒假离开了家半年才回家的那天，妈妈因为有联谊会没来机场接我，虽然那会儿我有点儿伤心，但我却喜欢我妈这样忙活着。听朋友们说，他们的母亲因为差不多都到了更年期，所以常常忧郁地待在家里。我大姐已经结了婚，二姐在首尔工作，自己生活。我呢，来中国留学。对子女都离家生活的父母来说，这么活泼地生活对精神健康有利。

　　爸妈结婚32年了。望耳顺之年的爸爸，已过知天命之年的妈妈，在一起生活都大半生了。爸爸忙着"动手"也好，妈妈忙着"活动"也好，我希望他们一直快乐地生活下去！

第二章　续写法及应用实例

一、续写法

1. 概念内涵

续写也叫补写，是从原文出发，遵循原文的思路，按照要求对文章未完的部分进行续写，或者对于一篇完整但意犹未尽的文章进行续写。这种写作训练方式会给学生更多的创造机会和想象空间，对学生提升写作思路的延展度，具有较好的辅助作用。

续写要求遵循原文的文体、主题、人物形象等，因此要以学生熟知原文为前提。学生要熟练掌握原文的意义和内容，理解其基本意思，然后接着思路往下写。除了要遵循原文之外，也要按照题目要求，根据需要续写部分的特点进行创作。

在第二语言教学中，续写是结合阅读理解进行写作练习的一种方法。这种方法将语言输入与输出、语言的模仿与创造性使用相结合，是提高学习效率的好方法。

续写的基本框架是：阅读文本（比如没有结尾或开放性结尾的文章）之后，根据自己的理解，续写出文章的结尾。除此之外，续写的整个操作过程，自主安排的灵活性比较高。因此，把握基本框架之后，可以根据实际情况设计流程，并没有必须的模式。

2. 续写的作用

罗青松指出，续写这种方式可以让学生有创造的机会，可以发挥想象力，语言运用上可以借助阅读材料的启发，表达上在原有的基础上扩展。可以说续写是在模仿中创造，在创造中进步。王初明指出，续写是结合阅读理解进行的写作练习的一种方法。该方法将语言输入与输出紧密结合，将语言的模仿与创造性使用有机结合，将语言的学习与运用切实结合，是提高外语学习效率的好方法。他认为，在实际教学过程中，能够将内容的创造与语言的模仿紧密地结合起来的练习形式只有两种，一种是与本族语者对话，另一种就是读后续写。他提出"补缺假说"，认为语言与语境知识的有机结合是语言正确、流利使用的前提。由于外语环境缺少与外语表达方式匹配的真实语境，在外语理解、习得和使用的过程中，大脑中的母语语境知识介入补缺，进而激活与母语语境知识配套的母语表达式，母语迁移因此而发生，影响外语学习。因此，用阅读材料给学习者提供一个汉语的语境，正是弥补这种缺失的好方法，在一定程度上避免母语负迁移。

续写的过程就是与原文互动的过程。续写的主题是固定的，但是续写的内容是创新的。给出固定的续写任务，促使学生多次回读原文，在续写过程中遇到词汇、句式等语言障碍时，借助于原文中的词语、句子，表达自己的想法。这种文字互动拉近与原作者的差距，从而提高学生语言水平。

二、实施步骤

1. 选择合适的续写材料作为续写文本

真正可以作为续写材料的文本必须考虑留学生的汉语水平，这也正是很多材料不适宜选用的原因。篇幅过长的材料学生无法在一定时间内掌握理解，篇幅过短的文本又不能清楚地说明问题。汉语教材是根据学生汉语水平编排的，在层级上很容易把握。汉语教材中的有些课文故事性比较强，具有开放性的结尾，可以选择这样的课文进行续写训练。一些经典寓言、童话、成语故事等，长度适中，有很强的故事情节，在思维逻辑上容易被接受也可作为续写材料。

2. 学生阅读文本，教师讲解文本，互动讨论

教师重点讲解、操练续写材料中影响阅读理解的词语、语法，还有一些文化现象，为续写做准备。学生掌握了生词、语法，理解了文本内容，在大量正确输入的基础上，会尽可能输出正确的目的语。

学生互动讨论。教师给出一个到两个讨论的议题，让学生带着问题讨论，之后发表自己的想法。问题不宜太多，也不宜太大或太小。问题的设置应与续写文章有密切关系，比如记叙文往往是故事的发展脉络的叙述、故事的主人公刻画等，议论文往往是分析原因或者续写论据。因此讨论的题目也应该是与此相关，最好是学生有清晰的逻辑思路，用口语表达自己的想法，然后呈现在书面上。

3. 布置续写任务，明确续写的要求

学生互相交流之后，基本有了写作的思路，开始写作的环节。写作过程中，可以使用文章已经出现的词语、语法；写完之后，检查自己写的文章与原文能否衔接。计划好时间，需要在一定时间内完成。数量上，至少400字，没有上限；质量上，要求结构完整，内容充实。

三、应用实例

1. 选择合适的续写材料，提供续写文本

（1）选择经典寓言故事《狐假虎威》的续写例文导入

原文：

狐假虎威

在茂密的森林里，老虎是最凶猛的野兽，号称"百兽之王"。一天，它抓到了一只狐狸，想要吃掉它。狡猾的狐狸看见自己无法逃脱，就开始耍花招，它对老虎说："你怎么敢吃我？我是天帝派来管理所有野兽的，你要是吃了我，就是违抗天命。"老虎一听愣住了，狐狸马上接着说："你要是不信，就跟在我后面走一趟，看看是不是所有野兽见了我都赶快逃命。"老虎相信了狐狸的话，决定跟着狐狸去看看。

森林里大大小小的野兽，看见狐狸大摇大摆地走过来，后面跟着一只张牙舞爪的大老虎，都吓得要命，四处逃跑。老虎不知道野兽们怕的是自己，以为真的是被狐狸吓跑的，彻底相信了狐狸的话。于是老虎也慌忙逃走了。

续写例文：

狐假虎威（续写）

狐狸用诡计骗过老虎之后，得意极了。而老虎完全相信狐狸才是百兽之王，每天待在它的身边。只要狐狸去森林巡视，老虎就跟在它身旁，大大小小的动物见到狐狸，都很敬畏。时间长了，狐狸对这种日子也习惯了，它认为自己本来就是百兽之王。

有一天，老虎生病了，狐狸照样出去玩，可是其他动物看见狐狸根本就不害怕，一个个悠闲地从它身边走过，也不理它。有一头野猪还恶狠狠地瞪了它一眼。狐狸很疑惑："这是怎么回事？"它感到受了侮辱，大吼一声："你们怎么敢这样对我？"话音刚落，野猪冲上来就咬住了狐狸的耳朵。狐狸疼得惨叫，好不容易才挣脱，灰溜溜地逃走了。

（2）提供中级汉语综合课教材课文《从"鸡毛换糖"到"世界超市"》作为续写文本

《从"鸡毛换糖"到"世界超市"》是发展汉语中级综合教材中的一篇课文，主要讲改革开放对浙江义乌市发展的巨大影响。义乌被称为"小商品海洋，购物者天堂"。课文故事背景贴近现实生活，学生们很感兴趣。教师节选课文中义乌农民"老金"鸡毛换糖的经历这一部分作为续写文本：

（义乌是一座建在市场上的城市。这个曾经的"鸡毛换糖"之乡，是怎样发展成为"世界超市"的？我们来看看"老金"这个义乌农民的经历。）

老金，这个义乌的农民，永远也忘不了40年前那次"鸡毛换糖"的经历。那是他结婚后的第一个春节，他一心想让家里过个好年。在那时，百把块钱就能让家里过个好年，但他却两手空空。当别人都从外边赶回家过年时，他却挑着一担红糖独自上路了。当过年需要的钱赚得差不多，往回走到江西山区时，天下起了大雪，老金却一心要回家。一位当地人劝他说："下这么大的雪，连我们山里人都不敢走，更何况你一个平原人呢？"他回答得很干脆："走也得走，不走也得走，家里人都等着我过年呢！"说完，他挑着担子往回赶，以便早点儿到家。雪越下越大，他的鞋很快冻成了冰疙瘩。他干脆脱了鞋，光脚往前赶。

刚开始双脚还有感觉，针扎似的疼，后来什么感觉也没有了。他只有一个信念："不管走到几时，总要回去过年的！"当他一步一滑走到山顶时，由于疲劳、寒冷加上肚子饿，他眼前一黑，连人带货摔倒在雪地上……三天后，老金回到义乌，终于和一家人团聚了！

——（选自武惠华编著《发展汉语——中级综合Ⅱ》第二版，北京语言大学出版社，2012年）

2. 学生阅读课文，教师讲解，互动讨论

首先教师讲解课文中的生词、语法、句式以及文化知识，对重点语言点进行操练，提出与课文、续写任务相关的问题，帮助学生进一步理解课文内容：

义乌在哪里？

什么是"鸡毛换糖"？

"世界超市"的称号是怎么来的？

"鸡毛换糖"是件容易的事吗？

然后，在课堂互动讨论环节，结合要续写的部分提出几个讨论的题目，同时也给出一些写作思路的启示，引发学生思考：

想象一下，老金晕倒在雪地上到回家之前的这三天时间里：

他会遇到什么样的困难？

光着脚在雪地里走路是什么感觉？

是什么信念支持老金往家走的？

结果发生了什么事？

最后，再把课文梳理一遍。

3. 布置续写任务

续写"老金摔倒在雪地上……回到义乌之前的三天发生的故事"。学生在规定的时间内（30分钟），按照要求，完成续写。以下是学生课堂上完成的续写作文：

续写 1

一位年迈的老人，他觉得大城市太吵闹，于是退休后就住在荒无人烟的大山深处。大雪纷飞的一天，他为了冬天防寒，在收集折断的树枝后回家的路上，发现一棵大树旁边好像有一个黑色的倒下的动物。他走近一看，吓得心都提到嗓子眼儿了，那倒下的"动物"原来是个人！他小心翼翼地走过去确认死活，那倒下的男性微弱地呼吸着还有气儿，但全身已经都冻僵了，不快暖身就危险了。老人为了救他，把手里满满的干树枝都扔掉，扶着他回家后赶忙在灶膛里点上了火。

半天后老金才醒过来了，坐起来看看，周围的环境很陌生，不是他自己的家。当他赶紧站起来找一找自己的行李包时，年长的老人进屋来说明了从头到尾让他安心。

老金听了原委后，向老人再三表示感谢，然后他收拾着行李，把为了在老家过年赶路中由于寒冷和疲劳倒下的事情都告诉那位老人了。老人听了听，建议他在自己家里避避雪，等雪停了再走。老金想来想去，最后答应了，但有一个条件，在老人家里小住的那段时间要帮老人的忙，不能白吃白喝。老人看着他坚定的态度，笑着点头答应了。

续写 2

老金眼前一黑，连人带货摔到在雪地上。过了一会儿他慢慢醒过来，虽然浑身都疼，但他还是坚定他的信念：不管走到几时，一定要回家过年。一想到自己的信念，他突然变得坚强起来，挑起担子继续往前走，因为真正重要的是回家跟家人过年，跟家人团聚。走了几个小时之后，太阳升起来了，天气不那么冷了，但老金仍然肚子饿。老金走了两个多小时终于发现了一座房子。那是一个农民的家,老金受到农民夫妇的欢迎,他们给了老金吃的、喝的,老金吃饱喝足就睡着了。农民夫妇还给他保暖的衣服。

第二天老金要离开农民夫妇的家,他非常感谢他们为他所做的一切。他一个劲儿地对他们说"谢谢,谢谢,谢谢"!那天他又强壮又快乐,穿着很暖和的衣服,不再感到脚冻了,肚子也不再饿了。农民夫妇还给他准备好了一些水果和水。让他更快乐的是,他不再两手空空的了,他带给家人很多春节礼物。三天后,老金回到义乌,终于和家人团聚了。

由于对原文有了充分了解,基本有了写作的思路。在续写过程中,遇到词汇、句式等语言障碍时,可以借助于原文中的词语、句子,表达自己的想法。因此,学生在规定的时间内,保质保量完成了写作任务。

四、练习

1. 续写语段

(1)不要轻易说生活多么没意思,快乐可以随手得到。比如,出门前你的家人给你一个温暖的拥抱,你看到感动自己的文章随手转发给同事和好友……

_____,
_____。
_____,
_____。

(2)发生地震时,不要慌张。首先,迅速跑到承重墙墙角、厕所等比较小的房间里,或者躲在较低、结实的家具旁保护自己;其次……

_____,
_____。
_____,
_____。

2. 阅读《整容》（陈灼主编，《桥梁——实用汉语中级教程（下）》第21课，北京语言大学出版社，2012年）一文，思考以下问题：

（1）肖琴为什么想整容？

（2）肖琴对整容结果满意吗？为什么？

（3）你对肖琴整容有什么看法？

（4）从李娜家出来后，肖琴对哪些问题有了新思考？

（5）你觉得肖琴和丈夫林谷以后的情况会怎样？

3. 续写《整容》结尾

"虽然不能说那天下午发生了什么奇迹，但从那以后，肖琴对许多问题开始自问：我的人生的黄金岁月，难道已随着青春逝去了？如果我和李娜相比，相貌上还占着绝对优势，可为什么她却显得那么有魅力、有生气？""从李娜家出来，回家以后……"，不少于400字。

五、学生习作

习作1

回家的路上，林谷对肖琴说："你亲眼看到了李娜，你觉得她长得怎么样？你怎么总是误会我？"林谷像妈妈唠叨孩子一样说了很多话，但肖琴一句话也没说。到家以后她一个人一直待在房间里不出来。林谷突然感到对不起肖琴，觉得自己在回家路上对她说的有点儿过分。他去敲房间的门，想向她道歉，不过没有回答，一阵静默以后，肖琴慢慢地打开了门。

"你在房间里干吗？为什么一句话也不说？你生我的气了吗？我也觉得我对你说的话有点儿过分，对不起！还有我每天把一个女学生挂在嘴上，你当然会感到难受。"林谷害怕伤害肖琴的感情，笑着说。肖琴对林谷说："对不起，我乱猜你跟李娜的关系，我误会了你们。不过我是为了维持圆满的婚姻，为了你才去整容的。生孩子以后我们都很忙，很久没有交流，我以为你对我的爱冷了。你理解我吧。"肖琴叹了一口气继续说："我一个人想了很长时间，才明白什么是美。我忙着工作，照顾家庭，忘了我自己。所以我要找回我以前的梦想，从现在起我要做我真正想做的事。""李娜已经五十多岁了，还那么努力地学习。我也要上大学，我要学习英语。"虽然肖琴整容失败的脸没有恢复，不过她的眼睛亮亮的，全身好像闪着光。

习作2

从李娜家回来以后的那个晚上，肖琴一直睡不着，她整个晚上都在想：从明天开始，我为了什么活着？

第二天早上，肖琴早早起床以后，打扫、做饭，很快把所有的家务做完了，然后她去了李娜家。"早上好！这么早打扰您。""打扰什么呀，早上好！我想不到你来我这儿，有事吗？"李娜跟昨天一样，脸上挂着微笑。她的亲切让肖琴感到特别高兴。肖琴问李娜："你已经不年轻了，却还那么有魅力！请告诉我你的秘诀。我想得到丈夫的关心，甚至都去整容了……"李娜说："看着你，想起了我的过去。我年轻的时候跟你差不多，那时候我也难过，觉得自己不漂亮。不过随着岁月流逝我明白了，最重要的是自信！无论你长得怎么样，你周围的情况怎么样，你直截了当地说你想说的话，做你想做的事！"肖琴心领神会。从那以后，她们俩无所不谈，她们的关系好得不能再好了。肖琴也带着自信认真地工作、生活。肖琴越来越自信，随着她的变化，丈夫为她骄傲，家庭气氛也日益和睦起来，同事们、朋友们都更喜欢她了。她的表情也越来越开朗，心里也越来越亮堂了。

习作3

整容失败了，肖琴的脸变得越来越难看。林谷觉得他的行为才是所有事情的发端，他下了决心让肖琴再去整容。由于肖琴已经经历过一次失败，因此她再也不敢去做手术。林谷不断地劝她，肖琴终于同意了。林谷利用业余时间，到处托人联系整容专家张涤生。终于找到了张医生，他跟张医生说明了一切情况。张医生听林谷说完，毫不犹豫地答应了他的请求。所以，肖琴马上就能上手术台了。

过了几个月，肖琴终于恢复到原来的样子。肖琴虽然遇到了不少困难，遇到了婚姻危机，但是收获也不少。她明白了人真正的美丽不在于相貌，人的价值不能只从外表来衡量。从人的外表看不出真正的价值，人真正的价值从平时的生活中表现出来。就像李娜说的：女人除了具有女性的价值之外，还应当有作为人的完整价值。这就是对社会的创造，以及社会对这种创造的承认。

第三章 改写法及应用实例

一、改写法

1. 改写的定义及类型

改写就是根据写作要求将原文的情节、人物、表达方式、叙述方式等进行改变的写作方法。是在保持原文主体内容不变的基础上，改变文章的体裁、人称、语言、结构等方面，按照要求和需要对原来的作品从形式到内容进行某种改动的再创造。

改写可分为叙述视角的改写，例如把第一人称改为第三人称，或反之；叙述顺序的改写，例如把顺叙改为倒叙；情节的改写，根据自己的想法，对课文情节发展进行适当改写；体裁的改写，例如把记叙文、小说改写成剧本；语体的改写，例如把口语改为书面语，等等。通过改变叙述视角，可以使学生转换思维，在改写中感受不同叙述方式所带来的独特体验。通过体裁改写，使学生区别不同文体的写作重点和应用策略，促使学生更加准确地把握文章有效信息。情节的改写可以看成是创意写作，自由度和灵活性相对较高，给予学生充分发挥想象的空间，便于调动学生的积极性，使学生在写作中寻找乐趣，并在改写中发散思维。

2. 改写的作用

（1）激发写作兴趣

改写要求遵循原文的中心意思，原文内容在激发学生写作兴趣的同时，还能增强写作所带来的自我满足感。这样学生在"再创作"时，面对现有的写作材料时不再陌生和束手无策，具有易学的特点。学生改写只需在遵循原文思想的前提下，可以在多种形式中进行变换，把自己想说的、能说的尝试写出来。改写的这种特点，便为学生提供了自我发挥的空间，实现个性化表达。

（2）发展思维能力

文体改写、语体改写及叙述方式的改写本质上属于"再创作"。改写训练对学生思维能力的发展具有积极的作用。改写注重对学生从原文提取信息和概括内容能力的培养，对学生具体分析语体、文体、叙述形式的思维分析能力的发展，以及对学生反思及总结自己改写作品不足之处的鉴赏批评能力的提升有积极作用。在改写过程中，还需要分析综合和创新的思维能力。通过改写，可以加强学生对原文章的理解，以及词汇、写作技巧手法的掌握，引导学生从全新的角度去思考和理解原文，从而培养学生的写作能力。

二、实施步骤

1. 选取适合学生水平的改写文本及改写范例

改写和续写一样，是带有模仿性质的写作形式，要在阅读文本的基础上进行。改写所阅读的材料一般是一篇文章，要求学习者在原文的基础上重新构思，有较大的发挥空间。改写方式多种多样，灵活性较强，甚至会打破文章原有的情节脉络、转变文体等，这对于教师与学生而言都具有挑战性。教师应指导学生尽快掌握改写要领，提供范例文章。

在汉语教学中，教材是学生首先接触到的最主要的课程资源，为学生提供了大量生动实用的语言。围绕教材进行的写作活动形式多样，内容丰富。课文题材广泛，体裁多样，难易程度适中，适合学生做改写等练习。这些写作训练既能加深学生对课文的理解，又有助于学生用汉语进行思维和表达，从而提高学生的综合语言运用能力。

教材中可改写的地方很多，或整体或局部，这些都需要教师潜心研究，细心挖掘。通过对课文的改写，不仅加深了学生对课文的理解，也培养了学生的逻辑思维能力和语言组织能力。

2. 立足原文，创设写作任务情境，寻找新的写作角度

引导学生分析原文，多元解读。只有当学生对原文的理解深入透彻时，才会找到合适的改写方向，才能防止在改写中脱离文本。当学生对给出的改写要求感到迷茫或找不到改写方向时，教师给学生以启发，范文也可以起到很好的示范作用。

比如叙述角度与方式的改变，以第一人称"我"进行叙述时，感情真实，很容易使读者产生共鸣。以第二人称"你"进行叙述时，文章具有亲切感。以第三人称"他/她"进行叙述时，客观陈述，加强文章说服力。将课文、小说改写成剧本时，原文的心理描写可改为旁白，环境描写可改为舞台说明，用语言推动情节的发展，要突出戏剧冲突，等等。要注意人物矛盾冲突的转换，通过有意识地制造合理矛盾推动情节的发展，使改写后的作品具有较强的观赏性。

3. 布置改写任务

要求立足原文、行文协调、合理想象、表达新颖。

三、应用实例

指导学生将叙述性文体的课文改为小话剧（mini-drama）（课本剧）。角色扮演、真实模拟、短剧和戏剧等也是汉语作为第二语言的课堂活动和教学形式。教师根据教学需要提供剧情线索，或与学生共同商量决定题材。学生在一步步完成课文改写为剧本的整个过程中积极参与，提高了学习动机和情感的投入，激发起浓厚的写作兴趣。

1. 提供改写原文及剧本范例

（1）提供改写原文

《燕子买房记》是发展汉语中级综合教材中的一篇课文（武惠华编著，《发展汉语第二版，中级综合（II）》第8课，北京语言大学出版社，2012年）。这篇课文讲述了在北京工作生活的一位名叫燕子的女士买房子的经历。情节富于戏剧色彩，语言生动，人物形象也很鲜明，很适合改写成课本剧。

（2）提供剧本范例

提供剧本范例，使学生了解剧本的形式、构成、语言特点等。选择中级汉语综合课教材《桥梁——实用汉语中级教程（下）》第30课"雷雨（节选）"中的第二幕作为剧本范例提供给学生。曹禺是中国杰出的现代话剧剧作家，也是中国现代话剧史上成就非常高的剧作家。《雷雨》是他创作的一部话剧。该剧情节扣人心弦，人物各具特色，语言精练含蓄，被看作是中国现代话剧成熟的里程碑。

2. 通过原文及剧本范例学习，总结出课文改写为剧本的具体方法

通过《燕子买房记》课文和《雷雨》剧本范例学习，学生们掌握了课文内容，了解了剧本的概念、剧本的格式以及课文改写为剧本的主要策略：改变文体、改变语体、增加提示、增减内容。具体来讲就是根据人物的性格特征和剧情的发展需求增加一定的舞台提示；人物对白要符合人物的性格，注意文体、语体；在不改变原文内容的情况下扩充剧本内容。师生共同总结出将课文改写成剧本的具体改写方法：

（1）剧本的类型很丰富，有话剧剧本、影视剧本、小品剧本等。本次所要改编的课本剧是话剧剧本。剧本是戏剧艺术创作的文本基础，包括对话台词和舞台提示。舞台提示一般要指出人物说话的语气、说话时的动作、场景变化以及其他效果变换等。与课文相比，剧本中的时间、人物、情节、场景应该更加集中，以适应演出的需要。

（2）呈现方式的改变。根据场景的变化，把课文的情节划分为剧本的若干幕；把课文的内容分成人物对白和舞台提示；人物对白按照说话人加说话内容的方式，以对话方式呈现；舞台提示在对话前、对话中、对话后单独交代。

以《雷雨》第二幕为例：

登场人物

周朴园（朴）——某煤矿公司董事长，五十五岁。

周繁漪（繁）——其妻，三十五岁。

周萍（萍）——其前妻生子，二十八岁。

鲁侍萍（鲁）——周宅仆人鲁贵之妻，某校女佣，四十七岁。

人物对白、人物说话的语气、说话时的动作的呈现方式：
朴：（点着一支吕宋烟，看见桌上的雨衣，向侍萍）这是太太找出来的雨衣么？
鲁：（看着他）大概是的。
朴：不对，不对，这都是新的。我要我的旧雨衣，你回头跟太太说。
鲁：嗯。
朴：（看她不走）你不知道这间房子底下人不准随便进来么？
……
周萍走回，站着不语。
繁：我希望你明白方才的情形。这不是一天的事情。
萍：（躲避地）父亲一向是那样，他说一句就是一句的。
繁：可是人家说一句，我就要听一句，那是违背我的本性的。
萍：我明白你。（强笑）你不要听他的话就是了。

场景变化呈现方式：
夏天的一个下午，周公馆的客厅内。
朴：（指窗）窗户谁叫打开的？
鲁：哦。（很自然地走到窗前，关上窗户，慢慢地走向中门）
朴：（看她关好窗门，忽然觉得她很奇怪）你站一站。
侍萍停。

（3）情节、细节改写。在课文中心事件和人物形象的基础上，对文章的情节、细节进行适当的补充或删减，对一些文中省略的人物神态动作、心理、环境描写等进行合理的补白。

3. 创设剧本改写任务情境，指导学生将课文改写为剧本
首先将全班同学按照不同角色分为几个小组，每一小组主要角色为燕子、燕子老公和售楼小姐。各小组可以根据本组剧本剧情需要增加角色。下面以其中一个小组的具体改写过程为例进行详细说明。该小组共有四位同学，角色分别是燕子、燕子老公、售楼小姐和燕子朋友。

《燕子买房记》课文共有七个自然段。该小组四位同学经过前期讨论，决定将这七个自然段划分为四部分，改写为四幕小话剧剧本。

（1）将第一、二段课文改写为剧本第一幕

课文第一、二段主要说的是燕子和老公两个人商量要不要买房的事儿：

在北京生活了十年的燕子，一直租房子住，记不清已经搬过了多少次家。今年都在议论房子该降价了，让她坐立不安的。老公说："看你急的，我又没拦着你。"听了老公这句话，燕子开始到各个卖楼的地方去看房子，她知道，老公忙得没工夫陪她。

就凭全家每月税后不到一万块钱的收入，三环以内的房子她根本不敢打主意。远郊区房子的价格倒是可以接受，一幢幢房子也很现代，可是接连看了好几个地方，都觉得离单位太远。虽说交通越来越方便，可每天跑来跑去地上下班，时间长了谁也受不了。跑了一阵，燕子的劲儿也就那么大了。

同学们将其改写为剧本的第一幕，出场人物是燕子和燕子老公，设置了夫妻俩在家里边喝咖啡边聊天儿的场景。在语言表达上，注意口语体与书面语体的不同，对白上注意到了人物性格特点。如课文中的"老公忙得没工夫陪她"，改为燕子说"好好好，就你忙，我自己去！"

第一幕

（出场人物：燕子、老公）

（燕子和老公在家里喝咖啡）

燕子：老公，现在报纸上、网上都在议论房子该降价了！我们必须快点儿，老是租房子住也不是事儿啊！

老公：行行行，看你急的，我又没拦着你，你想看的话就去看看吧。

燕子：那这周末你就陪我去看房子吧。

老公：这周末不行，我要加班，没时间陪你，你先自己去吧。

燕子：好好好，就你忙，我自己去！

（星期天晚上，燕子和老公在家里聊天儿）

老公：这周末你去看房子了，怎么样，有喜欢的吗？

燕子：别提了，三环以内的房子很贵，我们根本不敢打主意，郊区房子的价格倒是可以接受，你觉得怎么样？

老公：不行不行，离单位太远，以后上班跑来跑去的多累啊。既然没有满意的，那就以后再说吧。

燕子：好吧，也只能这样了。

（2）课文第三、第四段改写为剧本第二幕

第三、四段课文主要讲的是燕子和老公决定买房，但是在买什么位置的房子的问题上产生了分歧：

春节过后，朋友亲口告诉燕子，她买的房赠送了精装修。燕子也看了广告，到处都有"特价促销"的口号，这些吸引人的广告又让燕子的心动了起来，她心想，买房子的事今年该有个结果。无论老公有多忙，这次得拉着他一起跑。家里的事情得一起办，就是成了房奴，也得一起还债。到底该买哪儿的房子，让燕子他们费尽了心思。房子太远不能买，不要说自己没有私家车，就是有车，在这高油价的时代，像咱们这样的也用不起啊。房子太近了也不能买，价格吓死人，1.6万元一平方米到7.2万元一平方米，即使当一辈子"负翁"，也住不上这天价楼房啊。干什么都得从实际出发，他们决定在四环和五环之间选房子，毕竟，过去那些农民住的地方，现在变成了一片一片的居民小区。那里既有城里的现代，又保留了过去的安静，最主要的是，那儿的房子他们还买得起。

对于买什么方向、位置的房子，这俩人可说不到一块了。燕子喜欢东四环一带，那里是CBD，大商店多，透着热闹，逛街也方便。可老公看上了西北四环，强调那里是上风上水。燕子有些生气："我可不是光顾自己呀。房子买到东边，你上班不是更近吗？"老公坚持说："叫你听我的，你就听我的，那边好学校多，人文环境不错，咱们的孩子都三岁了，能不替他想想吗？"这话算说到燕子的心里了，当爹妈的，那个不是首先想着孩子呢？"行，听你的！"燕子催着老公说，"要么，先上网看看？"查了几天，最终他们从网上查到一片合适的楼房，就在西北四环附近。

同学们将其改为剧本第二幕，出场人物是燕子、燕子老公和燕子朋友，设置的场景是燕子和朋友在公司聊天儿，下班后在家里跟老公商量买房子的事儿。小组同学上网查找资料，了解北京的城市规划及行政区域划分，比如三环、四环、五环、CBD（中央商务区）等，有海淀、朝阳、东城、西城、丰台等十六个市辖区。他们注意到"春节过后"这个时间点，了解了春节期间中国人见面打招呼说"过年好""新年好""恭喜发财"等祝福语。

第二幕

（出场人物：燕子、燕子朋友、燕子老公）

（春节过后，燕子的朋友和燕子在公司聊天）

燕子：过年好！过年好！这个春节过得怎么样？

燕子朋友：过年好啊！我跟你说，这个春节可是我过得最高兴的春节了！

燕子：看你高兴的，有什么好事儿啊？

燕子朋友：我最近买了一套房子，还送了精装修。怎么样不错吧！太合适了！

燕子：真的？这太棒了！我最近也看了广告，到处都有"特价促销"的口号，确实很让我心动。

燕子朋友：买房子的事情不能拖着，现在房子涨价快，你可得抓紧时间啦！

燕子：你说得没错，回家我就跟老公商量去。

（燕子下班回家跟老公商量）

燕子：我跟你说老公，买房子的事今年必须要有个结果了。我同事今年都买房了，咱们也得抓紧。不管你多忙，也要和我一起跑，家里的事情得一起办，就是成了房奴，也得一起还债。

老公：好好好，听你的。但我们买房子不能太远，一是家里没有车，二是现在油价太贵了。房子太近了也不能买，房价高得吓死人。我们还是在四环和五环之间选房子吧。

燕子：你说得对，那里很安静，适合居住。最主要那里的房子我们还买得起。

燕子：东四环一带怎么样？那边有CBD，大商场多，逛街方便。

老公：我喜欢西北四环，那里可是"上风上水"！

燕子：你怎么不明白呢！我说喜欢东四环一带，又不是为了自己，还不是因为你上班近么！

老公：有些东西你不懂，叫你听我的，你就听我的。那边有很多大学、中学、小学，人文环境好。咱们孩子3岁了，以后上学会很方便！咱们得为孩子多考虑啊！

燕子：老公你真聪明！行，听你的！要么，咱们先上网看看？

老公：行！

（3）课文第五、六段改写为剧本第三幕

课文第五、六段主要讲售楼小姐带燕子和老公看房的过程：

那是周末的一个上午，燕子他们去看房。销售楼房的小姐把他们带到沙盘前，一个户型一个户型地介绍着，从面积到朝向，从楼层到价格，从周围环境到配套设施，说得详详细细、清清楚楚。燕子心动了，觉得哪套房子都不错，不买就像吃了大亏似的。平时，家里的小事全是燕子拿主意，到了办大事的时候，她可就想听老公的。老公推推她："你选吧。"燕子觉得老公真给她面子，连忙说："能不能带我们看看这套？"燕子指着三层、靠边、朝南一套房子问售楼小姐。"当然可以，请跟我来。"

售楼小姐打开房门，这房子两个卧室加客厅、餐厅，满屋子都是阳光。她带着燕子他们到处看，客厅、餐厅、卧室、厨房、卫生间……把整套房子看了个遍。燕子觉得样样都挺满意，担心这套房子被卖出去，催着老公赶快签订购房合同。"看把你高兴的！急什么？算算价钱再说吧。"燕子明白老公的意思，买三层的房子只够交首付，以后必须按月还贷款。买房后，除了应付日常生活外，他们肯定是"月光族"。万一有个好歹的话，一点儿应急的钱都没有。售楼小姐看着燕子他们俩在一边商量，走过来，笑笑说："没关系，实在觉得手头紧，买一层的也可以，户型都一样，一层进出更方便，而且每平方米比三层的房子便宜200多块钱呢！"燕子他们俩连忙说"谢谢"，告诉售楼小姐："我们回家再商量商量，明天上午给你准信儿。"

小组同学将其改为剧本第三幕。出场人物是燕子、燕子老公和售楼小姐，设置的场景是燕子和老公周末去售楼处看房。同学们上网查找"我爱我家""链家"等房产中介公司网站，查看租房广告，了解经济适用房、商品房等价格、用途的不同，了解房子的位置，小区的环境、配套设施等，还有不同的户型，一居室、三居室，两室一厅、三室两厅两卫等以及过户、估价、押金等汉语表达，特别突出了售楼小姐的专业热情、耐心细致。

第三幕

（出场人物：燕子、老公、售楼小姐）

（周末，燕子和老公来到了售楼处看房子）

售楼小姐：（热情地）欢迎欢迎！你们想看什么样的房子？

燕子、老公：我们先看一看沙盘。我们想买配套设施全、离学校近的房子。

售楼小姐：（热情细致地）好的好的。我先给您介绍一下吧。第一，我们这个小区环境非常好，绿化面积高达20%。小区里有健身房和给孩子们玩的小型游乐园。第二，生活很方便。小区西门有三个公交车站，小区北门也有两个公交车站。距离地铁站步行只需要五分钟。小区附近还有一个超市，买东西很方便的。周围有两所小学和一所中学，将来孩子上学也很方便。

燕子：（急切地）那户型呢？给我们介绍一下比较好的户型吧。

售楼小姐：（给燕子夫妇详细介绍每种户型）我们这个小区以两居室和三

居室的房子为主。基本上买房的顾客都是像您这样的三口之家。整个小区一共25栋楼，每栋楼都有20层，一层有4户。二居室的面积80平方米，三居室的面积在97到120平方米之间。来，您看看这套房子，面积一共80平方米，两室两厅两卫。两个卧室加客厅、餐厅、厨房、两个卫生间。坐北朝南，采光非常好，通风也不错。

燕子：是不错，你看看这屋子里阳光多充足。

售楼小姐：没错。而且这套房周围都是学校，孩子上学方便。也有一层的，户型都一样，可是只有一个卫生间，价格也比较便宜。

燕子：（对老公说）你觉得怎么样？

老公：你选吧。

燕子：（指着三层的房子）能不能带我们看看这套？

售楼小姐：当然可以，请跟我来。看看吧！

燕子：哇！真好啊！

售楼小姐：这里是客厅，这里是餐厅、厨房，这里是卫生间。这里是卧室。这套房子采光比刚才那一套还要好，而且有地暖，冬天很暖和。

燕子：（急切地）老公，我觉得这房子真的不错，咱们快买这套房子吧！要是别人先买了的话怎么办？

老公：看把你高兴的！急什么？算算价钱再说吧。

燕子：可是我不想住在一层！一层太阴了，而且有点儿潮湿。

老公：如果买这套房子的话咱们的工资只够交首付，我们肯定是"月光族"。万一有个好歹的话，一点应急的钱都没有。

燕子：说的也是……

售楼小姐：没关系，实在觉得手头紧，买一层的也可以，户型都一样，一层进出更方便，而且每平方米比三层的房子便宜200多块钱呢！

燕子、老公：谢谢，我们回家再商量商量，明天上午给你准信儿。

售楼小姐：没事儿！那好好商量，咱们再联系。二位慢走！

（4）将最后一段课文改为剧本第四幕

课文结尾说的是燕子和老公买了房子，但是楼层是一层，燕子有些失望，老公安慰她：

回家的路上，老公觉得燕子多少有些失望，不住地安慰她："住一层，阳光是不如上面的好，下雨的时候还有些潮湿，可是，毕竟不是一年到头总下雨呀。更何况，咱们还年轻，那房子也不是要住一辈子，等有了钱，咱们一定换套更大的、更好的。"燕子往老公嘴里塞了一块口香糖："行了，行了！我比你明白。楼层低就低点儿吧，有什么可安慰的？交完首付你就别管了，明天我就去买家庭装修杂志，还要上网看看装修日记……"

改写为剧本的第四幕，出场人物是燕子和老公，设置的场景是在回家的路上。同学们在改写时，充分注意人物的心理活动，比如燕子虽然嘴上不说，但心里有点儿失望的复杂情绪。

第四幕

（出场人物：燕子、老公）

（回家的路上，老公安慰燕子）

（燕子还是有点闷闷不乐）

老公：看你这脸黑的！住一层，阳光是不如上面的好，下雨的时候还有些潮湿，可是，毕竟不是一年到头总下雨呀。更何况，咱们还年轻，那房子也不是要住一辈子，等有了钱，咱们一定换套更大的、更好的。

燕子：行了，行了！我比你明白。楼层低就低点儿吧，有什么可安慰的？交完首付你就别管了，明天我就去买家庭装修杂志，还要上网看看装修日记……

老公：好吧，我不管你。你能这样想就最好了，那装修的事就辛苦你啦。

燕子：行了，咱俩还说这种客气话干吗，回家吧……

全班以小组为单位，成功地将课文改写为课本剧。有小组将课文改写为三幕话剧，增加了燕子妹妹这个人物角色，语言表达生动，更生活化。比如燕子妹妹的台词："姐，你跟姐夫在北京打拼了这么多年，还没有自己的房子这可不行！""我做妹妹的也替你们着急！事不宜迟，春节过后你们就去看房子吧，不然挑不到好户型。"还有小组设置燕子的孩子这个角色，从孩子的角度来理解和看问题，等等。

总之，将课文改写为剧本，加深了学生对课文内容和情感的认知与理解，也加深了对课文中蕴含的文化因素的理解，不但促写，而且促读、促说，全面提高学生的综合语言运用能力和创新思维能力。

四、练习

1. 改变叙述视角，改写课文《桑兰的微笑》。

桑兰的微笑

1998年7月，桑兰到美国参加第四届友好运动会。作为国家体操队运动员，她已经多次获得过跳马冠军，因此，她对即将开始的比赛充满信心。

谁也没想到，意外发生了：在赛前练习时，她头朝下，重重地摔到地上，伤得非常严重，双手、胸部以下什么感觉都没有了。只短短的几秒钟，一切都改变了。刚刚还是健康、充满活力的运动员，不幸却一下子落到她的头上来。7月2日，成为桑兰一生中永远不愿意再提起也永远不可能忘记的一天。

她立即被送到纽约一家医院。六天后，在治疗中心接受了七个小时的手术。当桑兰重新出现在大家面前时，人们发现，虽然她的头被铁架子固定着，鼻子里、手上挂满了治疗用的仪器，但是她依然在笑，笑得那么甜，那么自然，那么灿烂！

遇到这样大的打击，难道她就没害怕过吗？桑兰后来告诉记者，刚刚从手术中醒过来的那刻，她绝望过："我真的感觉很痛苦。想动也动不得，想翻身也翻不得，一夜一夜地睡不着。"然而，桑兰从来不叫疼，更不会当众流眼泪。桑兰在不幸面前露出的微笑，感动了所有看到她的人。为她治病的医生说:"从这个小姑娘身上,我看到了勇气。"很多人都相信:她一定会走出这场可怕的灾难!

十个月后,桑兰从美国回到中国继续进行康复。时间如流水,十一年过去了,桑兰的微笑仍然挂在脸上,笑容仍然那么灿烂。人们也许会问,在她伤后这十年里,那微笑的背后究竟还藏着什么?

微笑背后当然有平常人不能了解的艰难。桑兰从一个每天只参加训练的运动员,变成了随时要考虑"自己未来怎么生活下去"的人。手术虽然让桑兰活了下来,但是到现在,她全身80%的地方仍然没有感觉,失去了大部分的活动能力。她的双手改变了形状,右手勉强摸到头顶。她想靠自己翻身,却翻不得;想靠自己的力气从轮椅里移到床上,却移不得。她的手指还是不能动,甚至手被热水烫坏了她都不知道。日常生活的小事随时跟她过不去。就拿在家来说吧,正常高矮的电灯开关,在桑兰看来简直太高了,根本够不着。厨房的地面比客厅低,轮椅进去就出不来,用力过大,轮椅就有可能向后翻过去……在家如此,出门坐火车、乘飞机、住旅馆、上大学,要完成这些复杂的活动该有多么艰难就可想而知了。对于桑兰来说,她每天需要战胜的困难,都是在平常人看来再容易不过的小事情。

微笑背后肯定有勇气。回国后,桑兰不愿意像病人般地待在家里,一直坚持康复训练。现在,她手上戴上工具,可以自己吃饭、洗脸、刷牙、穿衣服,还学会了使用电脑。她选择到北京大学学习新闻,一学就是五年。她最喜欢的生日礼物是一位画家送给她的一幅画,那是一只很可爱的小毛驴,脸上透着一股倔劲。她之所以喜欢这幅画,就因为喜欢小毛驴的性格。她说:"永不放弃是一种精神。我就不信我活不出个美丽的明天。"正由于桑兰的坚强和勇气,就在她受伤的当年,被美国最有影响的《人物》和《生活》杂志评为"年度英雄",还接受过《妇女体育》杂志授予她的"勇敢奖"。

微笑背后有大爱,也有责任。桑兰不曾忘记过,在她受伤后,她得到过社会各界成千上万人的关心和照顾。受伤以后,桑兰觉得给她支持最大的人是谢晓红女士。她不仅为桑兰支付了在国内治疗和教育用的全部费用,而且当她最困难时候,他们一家人日夜照顾她。桑兰觉得应该把自己得到的一切回报给社会，尤其是要为 8700 万中国残疾人多做一些事情。1999 年回国时，桑兰把企业送给她的价值 100 多万元的治疗仪器，全部捐给了一家医院。她每年都要跟着中国青少年发展基金会到贫穷地区，去帮助那里的孩子们。她认养了一只名叫"同同"的母熊猫，希望它早日生出熊猫宝贝。四川"5.12"大地震后，她马上去慰问受灾的希望小学。她还应邀为北京 2008 年奥运会做了很多事情。桑兰是多家爱心基金会的负责人，她把第一笔 10 万元钱寄给了刚成立不久的"桑兰基金会"。

28 岁的桑兰仍然坐在轮椅中，她的微笑始终挂在脸上。当她回忆十来年走过的道路时，就像打翻了五味瓶一样，甜酸苦辣各种味道都有。她觉得，无论多么艰难，总有一种精神在支持着她，"一直向前，永不疲倦"。正是这些，让她变得更加坚强。

在伤后又一个十年来到时，她想的是该用什么样的方式来超过从前，超过自己。她要回报国家、回报朋友，为体育事业、为残疾人的利益、为实现心中的理想继续做更多的贡献。

——（选自武惠华编著《发展汉语第二版 中级综合（Ⅱ）》，北京语言大学出版社，2012 年）

2. 将课文《百万遗产纠纷案》改为课本剧并进行表演。

百万遗产纠纷案

最近，深圳市中级人民法院判决了一桩遗产继承纠纷案。死者是一位年仅 39 岁的高级律师。为了争夺他死后留下的一百多万遗产，他曾经深爱着的母亲和妻子身心疲倦，都已经累得不行了。

笔者所见到的这两个女人，每人提着一个重重的文件袋，像个办案人。律师办案用的材料她们都有，这是她们打败对方的武器。

事情还得从两年前说起。1997 年 10 月 13 日，深圳一家律师事务所的律师肖石悄悄离开了这个世界。可惜，这位年轻人还来不及享受自己辛辛苦苦创造的财富。

在深圳富人区，肖石有一套高级住宅，面积 170 平方米。当初购买时，已经花了 101 万元，还有 70 多万元购房钱没交；肖石的家属现在居住的 86 平米的一套房，是 1992 年购买的，价钱是 11 万元左右；还有一处房产，是肖石与他所在律师事务所另外 4 个人共同购买的办公室，虽然房价大跌，但是属于肖石的那一份价值依旧是 29 万元；另外，还有一辆价值 5.8 万元的旧汽车，以及大量的股票和存款等。

肖石的妻子刘琳比他小 6 岁，年轻漂亮，儿子肖宝只有 5 岁。肖石的父母原来在湖南工作，早就退休了。1992 年以后，特别是 1995 年肖石得病以后，他们时常来到深圳，与肖石一家 3 口生活在一起。

1997 年 9 月 28 日，肖石开始昏迷，直到断气，再也没有清醒过来。可能因为不愿意想到死，他没有留下什么话，也没有发现他留下遗嘱。一些熟悉肖石的人认为，他是个律师，而且人又聪明、能干，不留遗嘱实在是个谜。

据肖石的朋友回忆，肖石昏迷期间，他去医院看望时就提醒过他的家人："肖石已经没有希望醒过来了，你们要面对现实，处理好家庭的遗产问题。"肖母说："这个时候谈遗产问题我接受不了。"她还说："肖石去世后，我和律师事务所都找过儿媳妇刘琳，问她打算怎么处理遗产。刘琳回答，要过七七四十九天。11 月 6 日，我给她写了一封信，希望按照国家《继承法》来处理肖石的遗产，可是刘琳没理我。后来，律师事务所的领导找刘琳商量遗产问题，刘琳说她只能拿出 10 万元，我和肖石他爸都不同意。"

律师事务所调解不了，肖母就向市里打了报告，请他们和肖石妻子的单位协商处理。后来，她又找肖石的同学和朋友调解，刘琳最后同意给 25 万元。为了能促使问题早点儿解决，律师事务所表示愿意拿出 5 万元，总共给肖石的父母 30 万元。于是，肖石的父母同意了。

本来，眼看着遗产分割纠纷就要解决，双方又在协议的写法上产生了不同意见。第一份协议写的是：在肖石的全部遗产中，甲方（刘琳）一次给乙方（肖父肖母）人民币 27 万元，剩余的遗产乙方放弃继承权，遗产归甲方所有。

对这份协议，肖石的父母倒没什么意见。不知出于什么考虑，刘琳又重新起草了一份协议，把"剩余遗产乙方放弃继承权"改为"乙方自愿放弃肖石遗产继承权。由于乙方年纪大，已退休，甲方一次性付给乙方27万元作为对乙方的补偿"。

肖石的父母无论如何也不接受这个协议。他们说："这样一来，就改变了原来协议的性质，我们依法应得的财产，反倒变成了刘琳给我们的好处。"有人劝刘琳说："你万万不要再争了。你再坚持下去，可能就要打官司了，你可要考虑后果。"刘琳态度很坚决："打也得打，不打也得打。我不怕，倾家荡产我陪着！"

一审判决说，刘琳擅自转移与肖石的共有财产。刘琳说："我卖股票不是转移财产，生活要用钱啊，我每个月都要交买楼的钱。"肖石去世后，刘琳确实交了39万元买楼的钱，给肖石买墓地还花了8万多……那么，刘琳究竟错在哪儿了呢？

按照法律规定，夫妻之间有一个去世，共同财产的一半归在世的一方所有，另一半就是遗产。遗产的第一顺序继承人就是夫妻中的一方、子女和父母。相同顺序的继承人，所得的钱数一般应当一样多。从肖石去世那一天起，他们夫妻原有财产的性质就发生了变化，任何一方，都没有权利擅自处理，只有保管的义务。刘琳错就错在不该擅自处理已经成为遗产的一切财产。

1998年7月2日，肖石的父母向法院提起诉讼。10月19日，法院第一次开庭审理。他们怎么也想不到，原来和睦的一家人会作为对立的双方站在法庭上。

11个月之后，法院做出了一审判决：被告刘琳必须从非法转移的财产中拿出54万元付给肖石的父母。其余的60万元遗产归刘琳和肖宝共同所有。还有130万元是属于刘琳的个人财产。

对于判决结果，双方都表示不满。他们都认为自己有权利多得到一些遗产，她们的法律依据都是《继承法》第13条的规定。

媳妇认为：孩子一出生身体就很弱，而且现在年纪太小。她和肖宝将来还要走很长一段艰难的路，万一出点儿什么事，有钱就能解决问题，因此应该多分遗产。而肖石的父母不仅都有退休金，其他儿子也都给他们生活费，生活上有充分的保障，不应该多分。

婆婆认为：刘琳已经分得130万个人财产，又从遗产继承中得到60多万元，这些钱足够他们母子将来的生活费用了，也完全可以保证肖宝能上一所好学校，并且一直读到大学。更何况，刘琳还有很好的工作和固定的收入，作为母亲，她也有抚养儿子成人的义务。《继承法》规定，凡是尽了主要抚养义务的继承人，遗产分配时就应该多分。作为肖石的父母，我们尽了主要抚养义务，特别是在儿子病重的一年多时间里，我们连白天带黑夜地照顾他，当然应该多分到遗产。

官司打了一年半，在此之前，还调解了一年，双方都感觉累得要命。刘琳说：回想丈夫死后这段时间，真像做了一场可怕的梦。肖石活着的时候，刘琳想吃就吃，想玩就玩，家里什么事都不用她操心。丈夫去世了，她失去了依靠，管家、管孩子、上班，还要忙于应付官司，累得喘不过气来，夜里常常被吓醒。在打这场官司的过程中，刘琳碰到好几起倒霉的事。撞了几次车，把一个人的腿都撞断了。几次升级考试，都因为打官司而没有精力参加。刘琳本来很漂亮，加上年轻会打扮，显得很有风度。打了几年官司后，脸色难看，人也没有精神，凡是认识刘琳的人都说她这两年变化太大了。刘琳也觉得，官司打来打去，我这不是自己找罪受吗？肖石的母亲自己也说，这两年多来，打官司打得头发更白了，人老了很多，还添了不少病。

亲眼看见这场遗产纠纷的人没有不感慨的。死去的肖石哪里知道，就因为他死前没有立遗嘱，他深爱的爸爸妈妈和妻子，都因为打官司而受到极大的伤害。如果肖石活着的时候立下遗嘱，这场官司就打不起来了。

一些律师说：中国人认为立遗嘱令人不能接受，也不习惯亲人刚刚死去就分割遗产，更不想通过法律解决纠纷。这恰恰是不懂得法律的表现。人生的事情是很难事先知道的。中国人应该形成立遗嘱的习惯，学会依法办事，尤其是在社会发生重大变化的时候，更要用法律来调节人们的行为。遗产是法律问题，只想靠道德来处理是不行的，明确立下遗嘱，才可以避免许多不必要的纠纷，使遗产继承人之间保持和睦的关系。

——选自（武惠华编著《发展汉语 中级汉语（下）》，北京语言大学出版社，2005年）

五、学生习作

习作1

  我的女儿叫桑兰。她于1981年6月11日在宁波出生,是前中国体操运动员和电视名人。1998年7月21日桑兰在纽约参加了第四届友好运动会。作为国家体操队运动员,她已经多次获得过跳马冠军,因此,她对即将开始的比赛充满信心。可是,赛前训练时,不慎受伤,最后导致重伤事故,双手、胸部以下什么感觉都没有了。在短短的几秒钟里,一切都改变了。那时候,成为桑兰一生中永远不可能忘记的一天。她立即被送到纽约一家医院。六天后,在治疗中心接受了七个小时的手术。那时,我手足无措,以为最糟的事情会发生,但是,她死里逃生。虽然她跟以前不一样,不过她活下来了。

  10个月后,伤情基本稳定的桑兰回到祖国,在中国康复研究中心继续接受康复治疗。遇到这样大的打击,最有可能的是所有的人放弃生命,然而,我的女儿,这位充满活力的勇敢的运动员,从不放弃。四年以后,2002年进入北京大学新闻系攻读学士学位,2007年7月从学校毕业。

  2000年,桑兰在一次朋友的聚会中,认识了1997年正式从北京队退役的专业运动员黄健,后来成为了桑兰的经纪人。经过近三年的风风雨雨,桑兰最终决定把自己后半生托付给这个男人。2013年8月,桑兰与黄健订婚,并且于年底前举办婚礼。

  2014年4月14日凌晨00:19,桑兰在北京航空总医院剖腹产下一男婴,我的外孙。虽然我的女儿,桑兰,坐在轮椅上,但她跟其他的妈妈没有任何区别。桑兰经常和其他妈妈讨论孩子喝什么牌子的奶粉,到了哪个成长阶段孩子该吃怎样的辅食,孩子哭闹怎么办等。因为桑兰和黄健都当过运动员,他们希望自己的孩子能遗传到这一点,坚强面对生活。桑兰希望黄小宝学会坚强和感恩。对于儿子将来从事的行业,丈夫黄健期待让儿子踢球。但无论我外孙从事什么职业,我们都会尊重和支持孩子的选择。我为我的女儿骄傲,虽然她经过了千难万险,但她坚定不移,到现在每天为自己、为家人一直都很努力,从来不放弃自己。

习作 2

我叫桑兰。1981年6月11日出生,浙江宁波人。我的性格开朗活泼,平时喜欢看书、聊天。我是1993年底进入国家队的。1994年获全国城市运动会全能冠军、跳马冠军、自由体操亚军,1995年获全国冠军赛跳马冠军,1996年获全国锦标赛跳马亚军,1997年获第八届全运会跳马冠军、全国锦标赛跳马亚军。我已经多次获得过跳马冠军,所以我对1998年7月在美国的第四届友好运动会的比赛充满信心。但是意外发生了:在赛前练习时,我头朝下,重重地摔到地上,伤得非常严重,双手、胸部以下什么感觉都没有了。1998年7月21日成为我一生中永远不愿意再提起也永远不可能忘记的一天。

我立即被送到纽约一家医院接受了七八个小时的大手术。其实我刚刚从手术中醒过来的那一刻,我绝望过,又害怕过,真的感觉很痛苦。但是我不想让别人看我难过的样子,我没有选择沮丧而是坦然地接受了事实。我最困难的时候有一家人日夜照顾我,还有我不曾忘记受伤后,得到过社会各界成千上万人的关心和照顾,所以我下决心应该把我得到的一切回报给社会。

2011年3月2日桑兰基金正式启动,因为感恩,我愿意为更多还在承受骨病折磨的病友提供援助,这也是成立"桑兰基金会"的初衷。我作为一名高位截瘫患者,深知残障人士自身生理和心理上承受的巨大压力与痛苦。但我又是幸运的,意外发生时能够得到及时科学的医疗救治。我这些年一直在关注社会公益事业,一直希望能够为残疾人多做一些事情,多去帮助一些人。我觉得怀着一颗回报社会的心再去从事这些事情的时候,心态确实是不同的,会觉得高兴。我很快乐地投入到工作中。社会工作让我更积极乐观地面对生活。

2000年我在一次朋友聚会中认识了于1997年正式从北京队退役的专业运动员黄健,后来成为了我的经纪人。经过三年的风风雨雨,我最终决定把我的后半生托付给黄健。我在2002年9月被北京大学新闻与传播学院新闻系破格免试录取,就读广播电视专业。2014年4月14日凌晨00:19在北京航空总医院剖腹产下一个男婴。虽然我坐在轮椅上,但我对孩子的照顾可一点都没少。我不愿透露孩子的名字,只是叫他"黄小宝"。我希望孩子从小不被过多关注。我经常和其他妈妈讨论孩子喝什么牌子的奶粉，到了哪个成长阶段该吃怎样的辅食，孩子哭闹怎么办。我还开始用手机淘宝给黄小宝采购必需品。我跟其他的妈妈没有区别。

我一直在思考，该用什么样的方式来超过从前，超过自己。我要回报国家，回报朋友，为体育事业、为残疾人的利益、为实现心中的理想继续做更多的贡献。

习作3

百万遗产纠纷案（改写）

第一幕

（出场人物：肖石、刘琳——肖石妻子、肖宝——肖石儿子、肖母——肖石母亲）

（肖石的办公室）

肖石：哥们，上次的案件处理得怎么样？

肖石朋友：后来原告自己取消诉讼了。

肖石：应该的。家人之间闹遗产纠纷，还到法院去吵架，太不像话了。

肖石朋友：可不是吗？自己的身体累，工作也受到负面影响，没一点儿好处。

（电话铃响了）

肖宝：（撒娇）爸爸，我想你了，什么时候下班？给我买好吃的东西。

肖石：好，儿子想吃什么？你想吃什么咱们就吃什么。

肖宝：（开心地）爸爸真好！爸，接一下妈妈的电话。

刘琳：老公，今天跟父母一起在外面吃海鲜怎么样？什么时候下班？

肖石：我马上下班。我的女王想吃海鲜了？行，一会和父母一起在海鲜餐馆见。

刘琳：好啊！一会儿见。我爱你！

（在饭馆）

刘琳：肖宝，好吃吗？

肖宝：嗯嗯，特别好吃。妈妈，我们能不能天天来吃啊？

肖石：只要我的宝贝喜欢，什么都可以。

刘琳：老公你怎么不吃？

肖石：我看你吃的样子，比我自己吃还觉得高兴！

肖母：孩子们，我知道你们互相深爱，不过别让我看见，我嫉妒了（开玩笑地说）。

肖宝：奶奶，我爱奶奶嘛。奶奶啊！吃一口。

（一家人同时笑起来，哈哈哈哈哈）

刘琳：老公今天很累吧？我去开热水，你洗个澡吧。

肖石：你也很累啊！上班，还得看孩子。还是你先洗澡我帮你洗衣服。

肖宝：我也在这睡觉，可以吗？

刘琳：（微笑着）好的。

第二幕

（出场人物：肖石、肖石朋友、医生、刘琳、肖母）

（肖石的办公室）

肖石：啊！我头疼死了。

肖石朋友：哎呀！你怎么了？忍一忍，我带你去医院。

（在医院）

肖石朋友：医生，他怎么了？

医生：（低头说）脑肿瘤，已经耽误了治疗期。恐怕没办法了。

肖石朋友：万万不行，我们不能这样放弃他呀。

肖石朋友：伯母，刘琳，医生说，他已经没有希望了。

刘琳：（哭着说）妈，怎么办？

肖母：我不信。我的儿子肯定会好起来的。刘琳，你别哭。

刘琳：嗯嗯……

肖母：我在这看着肖石，你安心回家照顾孩子吧。别那么担心。

（几个月过去了，肖石一直没有好转）

肖石朋友：刘琳，医生说，肖石已经没有希望了，你们是不是得考虑好遗产问题呀？

肖母：我儿子卧床不起，谈什么遗产问题呀？现在提起这个我受不了。

刘琳：妈妈说得对。肖石会好起来的。我一定要好好照顾他。

肖石朋友：（尴尬地）不好意思两位，我……

第三幕

（出场人物：肖石朋友、医生、刘琳、肖母、肖宝）

（太平间。医生给肖石的尸体盖上白布）

肖石朋友：肖石，快起来，起来。你不起来，我要打死你。快起来呀！

医生：（摇头说）他已经走了。没办法回来了。

肖石朋友：你这样还能说是个医生吗？让他活过来，让他活过来。（跪在地上大喊）

刘琳：（悲痛欲绝）肖石！肖石！你怎么了？别走呀！别走呀！你走了，我和肖宝怎么办？别走呀！

肖母：（悲痛欲绝）儿子！儿子！你不能走，你这么乖的孩子不会留下妈妈一个人走的。对吧！孩子醒醒呀！

肖宝：妈妈，你为什么哭？别哭，别哭。

刘琳：妈没事的。不哭……

肖宝：（懵懵懂懂地）妈，爸爸为什么在这睡觉？

刘琳：肖宝，爸爸到很远的地方去了，暂时回不来了。

肖宝：（可爱地）很远的地方在哪儿？让爸爸带我去行吗？

（几天后肖母找刘琳商量遗产问题）

（刘琳、肖石的家）

肖母：孩子，身体怎么样了？好好吃饭了吗？你身边还有肖宝，你一定要坚强啊!

刘琳:妈,我知道,您别担心。您也保重身体!

肖宝:奶奶,我想你了。奶奶心还疼么?现在可以了吗?我给你揉一揉(懂事地)。

肖母:(摸着孙子的脸说)我的宝贝,长大了,会安慰奶奶了。刘琳你想过怎么处理遗产问题吗?

刘琳:妈,我现在没有心思想那个,过七七四十九天再说吧。

肖母:行。你看你瘦的,你答应妈妈,好好吃饭。

第四幕

(出场人物:肖石母亲、律师1——肖母律师、律师2——刘琳律师、刘琳、刘琳朋友、肖石朋友、法官)

(肖石母亲来到律师事务所向一位律师询问《继承法》)

肖母:我前几天见了我儿媳妇。她好像不太愿意分配我儿子留下的遗产。我想问一下,她有没有权利得到全部的遗产?有没有分割遗产的义务?我能不能得到一些遗产?

律师1:您的儿子没有立下遗嘱吗?

肖母:没有。所以我才这么着急。

律师1:按照法律规定,夫妻之间有一个去世,共同财产的一半归在世的一方所有,另一半就是遗产。遗产的第一顺序继承人是夫妻中的一方。第二顺序继承人是子女。第三顺序继承人是父母。所以她有义务分割遗产,同时,您也有权利得到一些遗产。您要先给她写一封信,让她按照国家继承法来处理遗产问题。

肖母:好,非常好。我都托付给你了。

(刘琳在办公室看到婆婆写给她的信,愤愤不平地说)

刘琳:这是什么意思啊?妈妈现在就贪图肖石的遗产?是不是一直盼着肖石死呢?我和肖宝生活要用钱。我一分钱也不给她。

刘琳的朋友:你不应该这样。你们不是一家人吗?如果肖石在地下看见这个样子会很伤心的。

刘琳：我变成乞丐了，他会更伤心的。不行，我也要找律师保护我的财产。

（刘琳也来到律师事务所）

刘琳：你好！王律师。我丈夫走了没几天，您看一下，这是我婆婆给我写的信，说按继承法来分割遗产。难道这些不都是属于我的吗？

律师2：不能说全都是你的，不过首先遗产的一半是你的，然后剩下的遗产你是第一继承人。所以说，你应得的遗产最多。

刘琳：是这样吗？我其实一分钱也不想给他们。没办法吗？

律师2：我们尽量吧。我们胜诉了，别忘了我的努力。

刘琳：行。我记在心中。

（过了几天肖石母亲来到律师事务所）

肖母：她没有回信。张律师，有没有别的办法？

律师1：我亲自去一趟，见见她吧。

律师1：（对刘琳说）你好！你现在很伤心，不过我不得不提起遗产问题。

刘琳：我能拿出的不超过10万元，没有商量的余地，请你告诉她我不想拿出钱。

律师1：（对肖母说）她态度很坚决。

肖母：是吗？坚决？我要好好教她坚决是什么。说到底，他们结婚的时候我对她一点也看不顺眼。除了长得漂亮一点以外没有什么了不起的。我儿子气宇轩昂的一个律师，挣的钱多，她才过上这么好的日子，要是没有跟我儿子结婚，哪有今天的她呀？

律师1：您可以向市里打报告。请他们和刘琳的单位协商处理。

肖母：行。希望通过调解能解决问题。要不然我非告她不可。

律师2：刘琳同意拿出25万，肖石以前的同事他们也愿意拿出5万元。你们总共能得到30万元。这钱不少吧。

律师1：好！这下肖石的父母也同意了。行，签协议吧。

律师2：你办完这桩案子，能赚多少钱？

律师1：你现在想不想签协议？

律师2：签啊，当然签啊。

律师1：剩余遗产乙方放弃继承权。

刘琳：不行。我对这个写法不同意。这是属于我和肖石的财产，如果他没死我根本不用给她什么钱。这明明是我给他们的好处，所以改成"剩余遗产乙方自愿放弃继承权"。

肖母：我无论如何也接受不了。这样一来，就改变了原来协议的性质，这份遗产是我们依法应得的遗产，绝对不是她给我们的好处。

（看着他们快要打官司，身边的人很担心）

刘琳的朋友：你万万不要再争了，再争下去可能就要打官司了，你可要考虑后果。

刘琳：我不怕。打也得打，不打也得打。倾家荡产我陪着。

肖石的朋友：伯母，您真的要打官司吗？

肖母：刘琳这样对待我，我再也忍不了了。该打就打。

肖石的朋友：您得考虑肖宝，肖石不在了，不过肖宝毕竟是您的孙子。你要切断血缘关系吗？

（原来和睦的一家人作为对立的双方站在法庭上了）

法官：请肃静。现在开始关于肖石的遗产纠纷案审判。

律师1：刘琳擅自转移了与肖石的共有财产。这是她的错误。从肖石去世的那天起，他们夫妻原有财产的性质就发生了变化，任何一方，都没有权利擅自处理，只有保管的义务。

律师2：刘琳卖股票不是转移财产，生活要用钱，每个月都要交买楼房的钱，还贷款，还有花8万块钱给肖石买了墓地。刘琳没有擅自处理肖石的遗产。

律师1：被告刘琳已经分得130万元个人财产。又从遗产中得到了60多万元。再说她有很好的工作和固定的收入，这完全可以保障他们将来的生活费。

律师2：原告肖石父母不但两个人都有退休金，而且其他儿子也给他们生活费。生活应该没什么困难。

肖母：我有异议。按照继承法凡是尽了主要抚养义务的继承人，遗产分配时就应该多分。我们尽了主要抚养义务。儿子病重的那段时间里，我们连白天带黑夜地照顾他。

刘琳：我也有异议。我有5岁的肖宝，他一出生身体就很弱，万一发生什么事，需要钱。还有他年纪还小，我们还要走很长一段艰难的路。

法官：请肃静。（嗵嗵嗵）现在宣布判决结果：被告刘琳必须从非法转移的遗产中拿出54万元付给肖石的父母。其余的60万元遗产归刘琳和肖宝共同所有。130万元是属于刘琳的个人财产。

第五幕

（出场人物：刘琳、刘琳的朋友、肖母、梦中的肖石、肖宝）

刘琳：糟糕！又撞了人，这是第几次啊？

刘琳的朋友：你怎么又发脾气？你照照镜子，你本来漂漂亮亮的，从和肖石的父母打起官司后变成什么样子？还有失去了好几次升职的机会。

刘琳：我也觉得累得要命。肖石走前，我想吃就吃，想玩就玩，家里什么事都不用操心。回想这段时间，真像做了一场可怕的梦。夜里常常被吓醒。

刘琳的朋友：你现在脸色难看，人也没精神，后悔了吧？

刘琳：对呀！官司打来打去，我这不是自己找罪受吗？

肖母：这两年多来，官司打得头发白了，人也老了，还添了不少病。为了几张纸和家人拼命，真是后悔不及。如果能回到当初就不打官司了。

（刘琳睡着了，她梦见了肖石）

肖石：没想到，没有立遗嘱会带来这么严重的后果。别哭了，多拿点儿遗产那么重要吗？你失去的不但是我一个，还有一家人。这样好意思面对肖宝吗？以前我在处理案件时见到这样的事觉得好笑。现在发生在我家人的头上我心里好像刀绞似的。你们不要争夺遗产了啊，一家人和和睦睦多好啊……

肖宝：我也不知道最近这是怎么回事。奶奶的头发更白了，妈妈变得很难看了。还有妈妈说，爸爸去了很远的地方，可是却没有打来一次电话。以前我们一家人经常一起在外边吃好吃的东西。但现在呢，一看见就吵起架来。我看好像是为了钱。我问一下，钱是那么好的吗？比家人还好吗？我要快快长大挣钱给妈妈和奶奶，那么我们一家人的幸福会回来吧？

第四章 任务型写作教学法及应用实例

一、任务型教学法

任务型教学法（task-based approaches）是交际法的发展。任务型教学法旨在把语言教学真实化和课堂社会化，把语言能力目标与工作能力目标紧密联系起来。每一个任务都是一个整体计划，包含各种机会和接触面。学生在这些过程中发展了认知潜力，一种有明确目的的生成、转换、应用语言知识、交际知识和技能的潜力。"任务型教学"反映出外语教学目标与功能的转变，体现了外语教学从关注教法转为关注学法，从以教师为中心转为以学生为中心，从注重语言本身（结构、功能、系统）转到注重语言习得与运用的人（认知、习得过程）的变革趋势。

1. 任务的定义和特点

学者们从不同角度来定义任务。从语言学的角度认为任务是加工和理解语言的一项活动；Prabhu 认为任务是学习者根据所给的信息，通过一定的思维过程，达到一定的结果的一个活动；Nunan 把任务定义为一项以意义为主的课堂活动，涉及对语言的理解、操作、运用和学生之间的互动；Skehan 认为任务是一个活动，在这个活动中意义是首要的，它跟现实世界有某种联系，对于任务完成情况的评估以现实世界为准；Swain 认为任务是一个活动，它要求学习者使用语言达到一个目标，并把重点放在意义上。

尽管不同的学者对任务有不同的解释，但是有一点是共同的：任务都涉及语言的实际运用。在完成任务的过程中，注意力集中在意义而不是集中在语言形式上。所谓"任务"指教师在课堂布置的让学生完成的语言活动，但这些活动不是以语言形式为中心的教学活动，而是按学生将来使用语言的需要而设计的交际活动。任务的特点是意义的表达占首要地位；与现实世界有某种联系；任务的完成优先于语言表达；对学生的评价完全根据任务完成的情况。

2. 任务的类型

Nunan 把任务分为真实任务和学习型任务两大类。真实任务是指接近或类似现实生活中各种事情的任务，也就是学生离开课堂以后在学习、生活、工作中可能遇到的各种事情；学习型任务是为了实现某种学习目的而专门设计的任务。

Pica 等人按照互动的方式把任务分为五种类型：（1）拼板式任务。此类任务要求学生把散乱的若干条信息拼成一个整体。例如，几个人或几个小组各讲或写一个故事的一部分，然后把各部分有机地组合成一体，编出一个完整的故事。（2）信息差任务。一个或一组学生有一系列信息，而另一个或另外一组学生有另外一系列有互补作用的信息。为了完成一项交流活动，双方必须协商以探清对方的信息。（3）解决问题式任务。给学生一个问题及一系列信息，让其找到解决问题的方案。一般说来，只允许产生一个解决方案。（4）做决定式任务。给学生一个可能有几种结果的问题，让他们通过协商和讨论选择一种结果，达成一致。（5）交换意见式任务。学生参加讨论，交换意见，但无须达成一致。

Willis 把任务分为六个种类。严格来说，并不是按照某种标准对任务进行分类，而是列举了常见的一些任务。（1）罗列。根据所获得的信息或自己掌握的信息，罗列事实、情况、数据等。（2）排序和分类。根据某项标准把事物、事件等进行排列或分类。（3）比较。将相同性质的事物或人物进行比较，找出其共同点或不同点。（4）解决问题。通过逻辑分析、推理、判断、计算等过程，为某个问题提出解决方案。（5）分享个人经历。学习者以小组形式交流他们的个人经历，叙述一个事件，或描述人、事物。（6）创造性任务。是几种任务的综合型活动。

3. 任务型教学法的基本步骤

根据任务型教学法五项原则的要求，Willis 提出了任务教学的三个步骤：（1）任务前活动。教师向学生介绍目标和任务，主要包括：①提供真实的任务，介绍任务的意义，激发学生积极参与。②提供真实的语言材料，让学生注重语言形式。③通过分析课文和数据，引导学生注重语言形式。（2）任务轮。包括任务、计划和报告三个阶段。①任务。学生以伙伴或小组形式进行活动，教师来回巡视，鼓励学生用目的语进行交流，帮助学生系统地表达自己，但不要纠正他们的语言错误。②计划。学生主动发言，相互合作，并为接下来的报告做好准备。③报告。小组选派代表向全班展示成果，交流信息。这时教师应认真倾听，然后进行归纳总结并给予合理的评价。（3）语言点。在学生完成后，教师应设计多种形式的活动来强调某些语言点。组织一些有针对性的练习。在完成任务的过程中，学生的注意力集中在意义上而不是语言的形式上，但教师可以通过任务后的活动引导学生对形式加以注意，从而使两者达到平衡。

Skehan 提出的任务教学三步骤与 Willis 的有相同之处，它将教学过程分为三个阶段：前期任务（pre-task）；任务执行阶段（during-task）；后期任务（post-task）。前期任务主要包括三项活动：教（教师进行讲解）；意识提升活动（提高学生对某些语言知识的认识）；让学生在规定时间内进行准备。任务执行阶段主要考虑注意力的分配，通过教师与学生、学生与学生之间的互动完成任务。后期任务强调并引导学生注意语言形式，进行反思和巩固。

二、实施步骤

根据 Skehan、Willis 的模式，综合考虑教师与学生在写作任务完成过程中的不同作用，以及语言素材对学生注意力分配的影响情况，总结汉语写作课的任务实施步骤即：写作前期→写作期→分组讨论和汇报期→评价和巩固期。

1. 写作前期

主要是写作前的准备活动。首先，教师要进行任务选择，确定并解释任务。一般选择与学生现实生活有密切联系、能激发他们写作兴趣的任务，任务的选择也可根据学生的兴趣进行调整。如写求职信、劝朋友戒烟、写旅行计划、给报社投稿（反映自己对某个问题的看法）、向全班同学介绍自己国家的某个风景名胜、恋爱观，等等。不同的任务能提供不同的意义和语言形式，激发不同背景知识的语言信息，给学生提供课堂上运用真实语言的机会。其次，任务选好并强调其重要性后，教师应给学生提供几篇真实的例文，简单分析其语言形式和结构以引起学生的注意，从而保证写作时语言的准确度。最后，通过分析范文或课文讲解，强化学生对语言形式的认识。

2. 写作期

这是学生进行写作的时期。要求学生按写作前期中的例文和教师的提示讲解在规定时间内独立完成作文初稿，同时要注意语言形式，保证一定的流利度。

3. 分组讨论和汇报期

学生在执行写作任务时进行协商、讨论的活动。如何让学生在执行写作任务时进行协商、讨论是一个难题。研究表明，学生对真实的写作任务一般都能认真对待。任务型写作教学应突出作者、环境与潜在读者的关系。教师要采用各种方法让学生相信，有某个读者正迫不及待地要拜读他们创作的作品，这样学生也就有兴趣进一步讨论。具体可以将学生分组，互相合作，交换评估他们的作文初稿，把认为有问题的词、句子标出来，教师这时可以充当助手，引导学生运用以前学过的知识。这样通过小组讨论为汇报阶段做好准备，最后每组选一位同学汇报他们的讨论结果，汇报时还应注意写作中语言的准确性和流利性。

4. 评价和巩固期

教师分析学生的报告，提出评判作文的标准。然后，学生根据评判标准修改初稿。教师再根据修改的初稿，检查学生的语言、文化和语用错误，并修改。最后，针对学生写作中出现的问题，专门设计一些活动和练习进行解决。也可留课外作业，让学生写一篇与本次写作题材类似的作文。

三、应用实例

1. 写作任务：写一段有主题思想的文字段落

具体任务：怎样使别人了解你，和你成为朋友？写一份个人介绍。

（1）写作前期

写一段有主题的文字段落是写作的基础，它是学生练习从单句到语段以及到篇章的必要过渡，必须进行训练。在写作前期，教师应当向学生充分地说明这一点，以引起他们对该任务的重视。然而，写这样的有主题的一段话对学生来说可能是最难的任务之一，因为学生的成段表达能力较差，而且也可能对任务涉及的信息不熟悉。那么在写作前期，教师可以通过做两件事来帮助学生学习主题段落的写作：从结构上解剖段落的组成部分；给学生一个段落的例子让他们练习辨别该段落的三个组成部分。通过这两个步骤，学生可以了解怎样写一段有主题思想的文字，并对段落的语言形式有一个直观的印象。教师给学生讲解的例子是：

- 标题：香港的高消费
- 引言：你能够想象在香港繁华地段住一天需要多少钱吗？
- 陈述：在香港，日常生活的花费很高，房租、交通和其他许多东西的价格都比在中国的其他地方贵。
- 总结：从很多方面看，香港都是世界上消费水平最高的城市之一。

教师首先从结构上帮学生分析一个段落的组织结构，说明各组成部分的作用。例如：引言通常是和标题相关的一个问题或是一个评论，它能够吸引读者的注意，激起他们的阅读兴趣；陈述的作用是向读者传递与标题相关的信息；总结通常是段落的最后一句话，它概述了整个段落的内容。

在讲解完段落的组织结构及各组成部分的作用后，教师可以分发二、三个段落的例子给学生，要求他们分别标出这些段落的三个组成部分，并通过向学生提问检查他们的完成情况。通过这样的一个简单的练习，加深他们对前面讲解的理解。

（2）写作期

让学生写一份"个人介绍"。为了帮助学生了解任务，先分发给学生一份

"个人介绍"的例文,要求他们标出其中的引言部分,通过提问检查学生的完成情况。然后,要求每个学生写一份自己的个人介绍,完成初稿。写作时让学生明确标出个人介绍的引言部分,这可以使学生更加清楚自己的任务。

(3)分组讨论和汇报期

将学生每两人分为一组,互相交换评估。比如:引言部分写得是否吸引人?陈述部分是否条理清楚?有哪些语法、表达上的错误?教师可以给学生5到10分钟讨论时间,以改进他们的引言部分。最后,每组选一位同学,或最好让学生自愿朗读他们认为引言写得较好、内容吸引人的个人介绍。

(4)评价和巩固期

教师根据学生的个人介绍,提出评价的标准。也可以让学生共同谈论,提出写得好的个人介绍的评价标准。根据这些标准,学生修改自己的作文。教师针对写作中出现的一些普遍的语法、词语用法问题进行讲解。作为课外作业,教师要求学生自由选题写一篇类似的作文。在写作时,学生必须明确表明作文的引言部分和陈述部分。

2. 写作任务:观点陈述

具体任务:给报社投稿,谈谈你对北京交通问题的看法。

(1)写作前期

提出任务,激发学生的写作热情。你是一名留学生,在北京生活了一年,对交通方面的问题有自己的看法和建议,现在你给《北京晚报》或其他报纸投稿,如果他们接受你的意见,你的文章可能会被发表。然后出示范文,例如《为优化北京交通支招》等。引导学生注意文章形式及某些特定的表达法。用10分钟时间,让学生拟提纲,也可以互相讨论:有哪些交通问题?有什么好的建议?

(2)写作期

在规定时间内完成初稿。

(3)分组讨论和汇报期

将学生分组,互相交换初稿,把有问题的句子标出来,进行讨论:你的观点是否明确?在这里,你想说什么?有没有办法重新表达,使你的意思更清楚？给报纸投稿你的语言是不是太口语化了？等等。教师充当助手，帮助学生进行讨论。最后，选出同学们认为写得好的作文，在全班朗读。

（4）评价和巩固期

教师提出评价标准，请同学参考，修改自己的作文。然后教师再根据学生修改的作文，检查学生的语言、文化和语用错误，再一次修改。有些学生没有发现或发现不了的语法、语用错误，必须由教师修改。例如学生作文中"北京市对出租车司机应该进行接客教育、外语教育"这句话，"应该"的位置、"接客"的语用失误学生没有标出，教师一定要修改。最后全班回顾、总结学到的主要内容、本次任务中的主要语言形式，针对学生写作中出现的词汇、语法错误，进行语言练习。

四、练习

1. 阅读下面两篇短文，思考以下问题：
（1）文章的主题是什么？
（2）两篇文章的写作方法一样吗？
（3）文章是如何说明观点的？
（4）文章的看法你同意吗？
（5）段落划分是否合理？
（6）是否有词汇、语法错误？

我眼中的中国

我小时候没想到，有一天我会来这么大的国家留学。是哪个国家呢？当然是中国！我去年8月29日来到北京，但这不是我第一次来中国，其实我跟我父母好几次来旅行了。所以我开始学中文，对中国一点点了解。

这次来北京之前，我不知道我的选择对不对，可是我现在知道了，我的选择真对！为什么呢？因为我在中国开了眼界，看到了跟我的国家不一样的地方。我是泰国女孩，从小听到关于中国的东西比较多，中－泰关系也很亲密。在泰国有很多华人，特别是潮州人。我的祖先也是华人，所以我就有了对中国关心的感觉。泰国最大的华人群落叫"Yao wa rat"，大部分的华人住在这里。其实别的省也有华人，不过人数少一点儿。我很喜欢去"Yao wa rat"，因为那里卖很多的新奇好玩的东西，而且我很喜欢那儿的气氛，热闹、有人情味儿，尽管有时候我觉得那里有点吵闹。人们都很努力，也很耐心，大家互相帮助。从那时起，我开始想了解中国了，所以上大学的时候选学了中国历史。以前我只知道中国是世界上人口最多的国家，是一个强大的国家，等等。学了中国历史之后，让我知道了不少有关中国知识，比如中—泰之间从元朝就开始往来了。

中国经济发展很快，人们的生活比以前提高了很多，人们吃得好，穿得好，过得幸福！不过我觉得浪费不太好，有一次我出去吃饭，看见有人点了很多种菜，但最后却不吃完，也没有"打包"。此外，我觉得在生活中城市人工作太紧张了，压力很大，应该放松一点儿。

对我来说，中国是大家一辈子应该来一次的国家，旅行、学习、工作都可以。如果在中国生活过的话，一定会知道，为什么中国华人能在世界各地生存，还能保留中国的文化。现在我已经知道了，但是我不知道怎么形容。这是我眼中的中国。那你们眼中的中国呢？

我眼中的潘家园和西单

今年"五一节"的时候，有一个朋友从韩国来北京看我了。她是第一次来北京，所以我陪她去了北京的很有名的地方。那些地方中给我印象最深的就是潘家园和西单。

听说潘家园旧货市场只在周末营业，并且下午四五点就关门。所以我们特意抽出周末的时间来去潘家园。我们去那儿之前只知道在那儿卖的东西是古代的，可以看到各种各样的古董。到了潘家园以后，我们俩惊奇得合不上嘴，没想到有那么大，有那么多东西。潘家园是一个市场，也有像商店一样的地方，最多的是货摊儿。在那儿有很多摊贩摆着卖他们带来的东西。叫客人、讲价钱、说明东西的用处什么的，市场里实在热闹。而在潘家园的东西也很有个性，从一般可以想象到的古代东西到画、笔、印章、茶壶、少数民族传统衣服等代表中国传统的所有东西好像都在那儿。看了几个小时也没觉得看腻。

4点多了，卖的人都开始收摊，准备关门。我们俩不得不离开潘家园。可是时间还早，想去别的地方看看。正好我想买一双凉鞋，就决定去西单买一双。虽然我以前去过西单，但这次感觉跟以前不大一样。

西单是中国年轻人很喜欢逛的地方，这意味着那儿的东西很时髦。一到西单就能看到处处都是很高的楼。百货商店、书店、饭馆等等，不管哪一座楼都带着现代的味。而且一座现代化的大厦里，也有很多人卖化妆品、衣服、鞋子、手机等东西，那些东西都有个性。而也有叫客人、讲价钱、大声放着音乐等十分热闹。但是跟潘家园的不一样。如果说潘家园是一种稳定而热闹，西单是一种快跑而热闹。

那一天我好像坐时光机器旅游似的，前半天到古代去旅游，后半天到现代去旅游。那天我尝到了两个时代的味道。

2.两人一组讨论：你眼中的北京（中国）是什么样的？北京或其他城市在哪些方面与你所在的城市不同？

3.概括一下北京（中国）给你留下的印象，写完后，全班互相交流。

4.写作任务：我眼中的美丽北京（中国）
列出提纲，完成作文，不少于500字。

五、学生习作

习作1

梦的舞台——北京

我在网上看到了很有意思的一句话，那就是人的一生是用英语B开始，用D结束。B意味着Birth，D意味着Death。那人生的中间呢？就是C，

Choice，选择。人生就是不断地选择，而那个选择会改变自己的一辈子。在我的人生中我也选择了两次去外国，但这并不是为了去旅游、休假，而是为了留学。那个地方既是我第一次去的国家，又是给我留下印象最深的地方，那就是中国的北京。

北京是世界历史文化名城和古都之一。建城已有两千多年的历史。还有北京具有丰富的旅游资源，对外开放的旅游景点达 200 多处，有世界上最大的皇宫紫禁城、祭天神庙天坛、皇家花园北海公园、皇家园林颐和园，还有八达岭、慕田峪、司马台长城以及世界上最大的四合院——恭王府等名胜古迹。除了这些文明古迹以外，北京还有胡同、京剧等的人文特色景观。在历史上曾为五代都城，在从金朝起的 800 多年里，建造了许多宏伟壮丽的宫廷建筑，使北京成为中国拥有帝王宫殿、园林、庙坛和陵墓数量最多的城市。

但是，北京给我留下了那么深刻印象的理由，并不只是因为那里的风景优美、历史悠久、名胜古迹雄伟，说实话，我对历史方面没有什么兴趣，那到底是什么让我这么深爱北京呢？北京有那么大的吸引力吗？——有！并且那个吸引力、魅力决不是一般的。

我在北京的一年时间，是我人生的转折点。北京教给我人生经验的一半。我从中国孩子们的微笑上，懂得了真正的"天真烂漫"是什么；我从中国老师身上，懂得了真正的"热情""责任""教育"是什么；我从和中国、外国朋友的交流中，懂得了真正的"友情"是什么，而且该怎样去表达自己的真心。我相信这是在别的地方无论呆多长时间、花多少钱绝对不能得到的，这是比任何东西都更宝贵的东西。这就是北京的固有之美！

虽然只是很短的时间呆在北京，但是我没有遗憾，而且谁也不埋怨，这样北京对我来说是应该感谢的城市。中国是我的第二祖国，北京是我的第二故乡。我喜欢北京的一切。我希望在北京实现我的梦想。

北京是我梦的舞台！

习作 2

华堂购物感受文化魅力

说起北京，我们立刻想起来的便是拥有灿烂文化的大城市。当然长城、故宫等等是名胜古迹。那么，文化的定义只有名胜古迹吗？我们往往以为文化离日常的生活距离太远，可是在衣食住行中也有密不可分的文化。

现在在北京，很受老外欢迎的地方便是"雅秀服装市场"与"秀水服装市场"。这里地下一层以至五层不到十平方米的小店一个接一个地排列着，小店里的商品摆得满满的。一到周末，连市场前面的马路都有很多大巴排队停车。市场里可以说是人山人海，热闹非凡，而且混杂着各国的语言，像一个五颜六色的小地球似的。有的欧洲人两手拿着满满的两个大塑料袋的货品，有的亚洲人跟售货员一个劲儿不停地讨价还价，他们越说越激烈。购买时，在我们日本没有侃价的习惯。所以我一直抱着不好意思的心理，而且我不知道适当的价格到底是多少钱，后来才慢慢知道价格是由想买的人和想卖的人双方交涉而决定的。在我看来，这里的商品品质不见得特别好，何况销售价格也不便宜。但是这种购买方式不仅北京人接受，也吸引了从世界各地来的老外。我认为这种方式与其说是一股潮流，不如说是一种新的文化。

在北京，跟外国的企业一起合作的超市也特别多。如家乐福是从法国来的，沃尔玛是从美国来的，华堂是从日本来的，等等。我家旁边就有一家华堂。来到这儿的华堂才知道，跟日本的华堂完全不同。日本的华堂一层销售食品，而中国的是销售服装。日本的华堂平时购买服装的客人很少，对日本人来说，华堂只是购买食品的超市而已。没想到在北京不但有购买食品的客人，甚至购买服装的都有。尤其是晚上七八点，越来越热闹，我不敢相信自己的眼睛。相比日本，家乐福在中国的境遇确实大不一样。自 2000 年起，家乐福进入了日本的商业市场。但短短四年后，就不得不从日本商业市场退出。之所以产生这种结果，是因为在日本流通习惯已经形成，而家乐福的流通政策难以适合日本现有的习惯。可是在北京已经有五家家乐福开业了，而且很受老百姓的欢迎。

从历史来看，任何国家，只要这个国家的经济力被全世界承认，这个国家的生活方式就会作为文化被全世界承认。路易十四时代，法国的经济极大地发展，法国的香水、家具、法国菜吸引了富起来的下一代的美国人。英国称霸世界的七大洋，这下，英国的绅士服装开始为世界的富人所推崇。总而言之，先发展经济，后输出文化。如今中国的经济快速发展，有专家说；本世纪中国将会成为世界经济强国。而且自古以来，中国引进外来文化和技术。我认为中国的商业习惯成熟后将作为文化被全世界了解并接受。现在尚未到"发源的阶段"，但如果中国的经济不断发展，我相信中国将来就有可能创造新的商业文化。我感觉到每天在华堂购物的中国人的这种潜在的能量。

习作3

我看"798"

北京的东北方向，从四环向首都机场走约2公里，有个叫"798"的地方。这里汇集了许多中国的以及世界各国的艺术家，他们在此接连不断地举办展览，从而使这儿成为当今世界上最热闹的艺术中心之一。前不久，为了亲眼确认798如何赢得全世界的瞩目，我去参观了一趟。

798曾经是一家军工厂，现在仍残留着当时的面貌。几乎所有的展览室都是由以前的厂房改造而成，因此每间展室都显得相当有特色。裸露的管道复杂地互相缠绕，细长的烟筒向天空笔直地支楞着，这些都跟日常生活中的景物完全不同，让来访者产生好像误入另外一个世界的错觉。原本追求实用的建筑，现在成为跟实用正相反的表现"美"的地方，甚至于通过艺术，使我们在这种建筑里看到"美"。我觉得挺有意思。

我去参观的时候，798到处都在修整，所有的马路都要铺上地砖。由于还没铺好，每条马路都凹凸不平，更糟糕的是因为前一天下雨，挖开的马路很泥泞，走路相当不便。太阳越爬越高，气温也随之上升，修路的工人都浑身是汗。虽然他们干的是出力流汗的活儿，但从创造新事物的角度来说，这种工程跟艺术可以说是相同的。若从这个角度看，此处所有的修整工作都像是行为艺术。

在798，展览室外面也摆放着各种各样的艺术作品。一路走着，可以看到巨大的军人、巨大的白色的老人、巨大的拳头，等等。每件作品体积都很大，而且布置得很随意，走路时突然遇到这类作品，会觉得自己是身处游乐园。

展品中除了革命和战争题材，另一个重要的主题就是性。在艺术世界里，性跟战争一样，是一个运用得相当普遍的主题。以前的中国，这两个主题算是禁忌；而现在，以前这两个方面被压抑的情绪仿佛一下子都释放了出来。

现代艺术是很复杂的，不仅讲究美观，而且要从历史方面看有什么意义，这样的作品才可以说有味道。现代艺术中也有不少很难解释的作品，使得有部分人不想去看。我是一个学过设计的人，不太喜欢难以解读的作品。因为设计的一个主要目的是传达，不能传达的设计不算是好作品。当然，如果我们能够进一步了解现代艺术的逻辑内涵，可能会感到更有意义。

我在一间展室参观作品的时候，一位女士跟我搭起话来。她指着一件作品，问它表现的是什么意思。我完全猜不出其含义，只得回答说不知道。接下来我们聊了起来，她知道我是日本人，就领我去了另一间展室，那里正在举办一位日本女艺术家的展览。作品名称为"世界新娘"，艺术家拍摄了世界上各种各样的新娘，但这不是普通的新娘，而是由她自己装扮的。有"照黑曜岩镜子的新娘""戴毛主席像章的新娘""戴着巴巴教入会仪式面具的阿贝莱姆族新娘"，等等，作品奇特又很有意思。带我参观的女士，来自中国台湾，她来798是为了找到好的艺术家，引到她的展览室举办展览。她对那位日本女艺术家很有兴趣，想让我做翻译，帮她从中牵线。

说实话，我选择到北京留学，一个重要原因是北京有像798这样汇集了许多艺术精品的地方，而且现在全世界都在关注随着经济发展而同样繁荣的中国艺术。这次来到798，它给我的印象是规模庞大，而且大家好像商量好似的，都在回顾过去的历史，并且似乎成为一种趋势。这可能就是中国艺术受到全世界注目的原因之一吧？我被这种强大的趋势所折服，也很想继续了解，中国艺术的潮流究竟走向何方。

习作4

"好"的国家

我刚开始学习汉语的时候，对中国历史文化没有兴趣。但为了顺利从中文系毕业，我必须学习汉语。当时我的目标只在于提高我的汉语水平。还有，我认为在学外国语方面，要在很短时间内取得很大的进步，还是亲自去外国留学最好，所以去年我决定来中国留学。

刚来到中国的时候，用我很差的汉语实力就能跟中国人对话这一点让我很兴奋。那时候我每天出去跟中国人聊天。能跟中国人对话以来，我学习兴趣越来越大了。因此我发现了中国很多和我们国家不一样的地方，也发现了很多共同的地方。这些不一样的地方让我感受到不一样的中国文化。

我在日常生活中最常听到的一个词就是"好"。中国人每天说"好"这个字。"你好""好吃""好看""非常好"等很多句子里面都有"好"。有时候，即使在不好的情况下，也使用"好"。比如："好不容易""不好说""还好"等很多句子里的"好"实际上并不是"好"的意思。我认为一个人常用的词可以反映出他的思想来。我觉得因为中国人心里有那么大方的感情，所以无论好的事情还是不好的事情都可以说出来"好"。看中国规模空前的名胜古迹，也可以意识到中国人痛快的性格。我汉语学了都两年了，到现在我认识的中国朋友都对我很热情。我觉得这么大方、这么热情、这么好的人就是中国人。

第五章 任务型主题单元写作教学法及应用实例

一、任务型主题单元写作教学法

1. 主题式教学及主题单元教学

主题式教学是在理解和体现学生在知识、智力、情感和个性等方面的需求的基础上，以主题为依据，选取与学生的校园和社会生活息息相关的语言为最佳样本，同时提供给学生大量的、相互有联系的语言材料和词汇，通过讨论、演讲及表演一些学生们感兴趣、实用性强的主题文章，使学生学会在特定语境中理解、表达某一主题的技能。而一旦学生的学习兴趣被激发，就能形成良好的学习动机，通过对主题的分析和分解，建立起自己的知识框架，进而为写作奠定坚实的基础。

不管何种形式的输入，只要同属于一个主题，内容相互关联，就能使学生在连续的语境中得到熏陶，获得对目的语的感性认识。构筑主题单元，通过与主题相关的听说读写资料的反复出现，让学生不断地熟悉和使用主题词汇，在提高语言使用的准确性的基础上培养语言应用能力。

主题单元教学体现了整体语言观的精髓。整体语言观是一种关于学习的理念系统，认为培养读写技能和策略是在整体的、真实的读写活动的语境中进行的，课堂学习和学生整个的生活结合在一起。教师要创造一个或一系列让学习者较为自然地习得外语的环境。利用主题单元教学可部分地构建这种环境，但必须设计得当。

Skehan 提出了语言的三个维度，即语言的复杂度、准确度和流利度。他认为高质量的语言交际应包括以上"三度"。在写作任务中，语言的准确度和复杂度反映学习者的中介语水平，流利度则体现任务交际的一面。学生往往在提高流利程度的同时，语言表达的准确度依然较低。"写"使人精确，而在外语习得中这种精确的前提就是可理解的输入和高质量的交互活动。学生在教师指导下大量接触真实的语言文化材料，包括课本、报刊、新闻广播、电影电视、互联网上的材料等。同时，在课堂教学中，教师围绕本单元主题，有意识地介绍目的语语言文化知识和模拟实际交际的各种任务。

2. 基于任务型模式的主题单元写作教学

基于任务型模式的主题单元教学对主题的选取和任务的设计提出了更高的要求。在主题的选取上，教师需要结合学生的实际需求，从每一单元提炼出一个对学生有吸引力同时又有信息差、贴近学生的生活经验和思维水平的主题。而任务的设计要求围绕主题，突出趣味性、可操作性、科学性、交际性和拓展性。

通过任务前、任务中、任务后三个阶段的活动，帮助学生完成同学间、师生间、学生和书本间的互动。学生在完成任务的过程中，不断地将所学的知识进行内化，同时也不断地将所学知识表现出来。从接受任务、准备任务、执行任务、报告任务到分析任务，学生一直处于积极、变化的活动中，在不断的挑战和激励中，主体性得到充分发挥。

主题式教学侧重语言输出的准确度，任务型教学侧重语言输出的流利度，而基于任务型模式的主题单元教学则兼顾语言输出的流利度和准确度。

3. 任务型主题单元写作教学法实施条件和特点

（1）主题的选取和任务的设计

在主题单元教学中，必须充分考虑学生的兴趣、愿望、背景知识和语言水平，以及接受相关主题新知识的认知能力。留学生绝大多数是成年人，一般都有相当的知识来评论周围的世界，任何与他们相关的新异事物都会引发他们的兴趣，触发他们表达自己意见的愿望。所以仔细选择教学内容和主题会引发学习过程的良性循环。任务的设计要围绕主题，根据主题来设计本单元应完成的各个任务，注意任务的真实性和难易度适中。如果教师能在课堂上设计贴近学生的生活经历和知识水平的主题活动、难度适当的任务，学生们就会欣然参与，用汉语就所学的内容进行口头或书面交流的需求就会呼之欲出了。

（2）对与主题相关的词语、表达方式做出要求

好的写作任务要有助于拓展学习者的语言能力，如增加词汇量，学会新的句型等。写作本质上是一种自控的行为，如果没有具体要求的话，学生很可能只用自己熟悉的语言形式来表达思想，至多改善外语使用的熟练程度。写作时可选取若干与写作主题相关的词语与结构形式，要求学生在写作中最少选用一定的数量。只有刻意注意到的语言点才更有可能被记忆并加以利用，有意注意对外语发展至关重要。在执行任务前要求学生注意语言形式的准确性，是提高语言输出准确度的唯一手段。通过对主题的分析和分解，建立起自己的知识框架，进而为写作奠定坚实的基础。通过与主题相关的听说读写资料的反复出现，让学生不断地熟悉和使用主题词汇，在提高语言使用的准确性的基础上培养语言应用能力。

（3）写作小组的划分

写作的学习像其他语言获得行为一样，是社会性的而非孤立的。以往的写作往往是学生个体的活动，教师是唯一的读者。这种写作很难帮助学生获得写作技能。写作小组由师生共同组成，教师是组织者、协调者、答疑者及信息提供者；学生是主体，讨论写作计划，进行写作，阅读自己和他人的作品，反思自己的文章。写作小组能提供一个更为有效的学习写作的情境，当学生围绕着关于写作及修改的一些想法而开展交往时，不但产生了大量的写作语言，他们自己也获得了积极的肯定。写作小组的活动不仅使学生乐于参与，也给写作提供了支持、动力和素材。小组中的社会交往可为学生提供一个良好的环境，适于有效而愉快地写作。此种社会交往有两个重要方面：一是学生彼此间开展对话；二是学生把彼此看作编辑。写作训练，特别是每组人数多时，可以产生对所学语言的意识能力。

将水平较高的学生和水平较低的学生安排在一起，同时考虑不同的国别，组成4~6人的学习小组。在课堂上根据不同教学目标和内容采取不同形式的合作学习。要面向全体学生，难易结合，尽量使人人都有参与的机会，让小组每个成员发表各自意见。在写作小组中，应体现学生学习的主体性、学生活动的互动性和语言的交际性。

（4）运用多媒体和网络教学手段

基于任务型模式的主题单元教学在整个实施过程中，充分利用现代多媒体教学和网络手段，构建真实的语言学习环境。学生在平时可以利用网络收集下载与主题相关的文字、图片、声像资料，为写作做好素材储备，还可以根据超文本阅读实现创作积累。教师可以借助网络多媒体为学生习作提供展示的平台。学生可以将写作成果制作成PPT演示文稿，在全班或通过屏幕分享演示。Skehan的研究表明，如果事先告诉学生，任务结束后要对同学进行结果展示的话，学生会比较注意自己的语言形式，而不仅仅是内容。利用网络多媒体辅助教学，教师可以更多地关注写作的应用价值，指导学生将写作作为交际的方式，这样，学生会更有兴趣和信心。

二、实施步骤

Willis将任务型教学的实施划为三个步骤：(1)任务前活动（pre-task）：包括介绍话题和任务，使学生明确任务的目标和结果。(2)任务环（Task-cycle）：包括任务、计划和报告三部分。学生结对子或分小组执行任务，各组学生准备以口头或笔头的形式向全班报告任务完成的情况，准备好后汇报。(3)语言焦点（language focus）：包括分析和操练。在任务完成后，帮助学生巩固语言知识，提高语言使用的技能。参照Willis的三个步骤，任务型主题单元写作教学实施步骤如下：

1. 任务前期——确定单元主题，提供"语言支架"

单元主题内容的确定由教师和学生共同商讨。教师可以结合留学生的实际需求，选出一个对学生有吸引力同时又有信息差、贴近学生的生活经验和思维水平、有设计多样性任务空间的主题。也可在该环节使用访谈法或调查法，了解学生的兴趣点，这就要求学生具备独立思考能力与判断能力，能够明确自己的兴趣点并且清晰地表达出来。像饮食、旅行、友谊、恋爱、购物、动物保护、工作、节假日、整容、减肥等都是学生关心的问题。主题单元内部需要有层次性和关联性。主题的呈现可以是以概念的方式，例如"世界名城名胜之旅""中外饮食风俗"等，也可以以整句方式呈现，如"世界这么大，我要去看看"等。

选取一个主题单元，根据学生的汉语水平和写作需要将主题分级。例如，"世界名城名胜之旅"这个主题单元，可将其分为"城市、名胜的特点特色""旅途中印象深刻的人或事"以及"旅途感受"几个子级主题。主题还可以进一步延伸，与社会现实、热点结合起来，激发学生的写作兴趣。

设计任务时，以"同屋关系"这个主题单元为例，可以设计以下任务：任务一，你喜欢什么样的同屋？任务二，写征友（同屋）启事；任务三，如何与同屋相处？任务四，写一份"同屋相处条例"；任务五，给学校有关管理人员写一封信：自由选择同屋的可行性。所有的任务在主题的引导下，都是有可能在生活中运用的任务，并且由易到难逐步提高。在完成任务的过程中，学生感到他们能用学到的语言去做事，提高写作兴趣和信心。

这个阶段教师更多地需要考虑如何给学生提供"语言支架"，如何将语料和语言要素结合，激活相关的主题词汇和短语，在语言上为后面的活动做准备和铺垫。提供学生们感兴趣、实用性强的主题文章，使学生学会在特定语境中理解、表达某一主题的技能。

2. 任务中期——针对写作主题分组讨论，完成具体写作任务

教师指导和帮助学生获取某一主题方面的信息，并对从不同渠道获得的各种语言材料进行综合分析。学生围绕某个特定的主题，通过查找、整理、分析一系列语言材料内容的探究性理解，在真实的情景中运用语言完成写作任务。

学生以小组形式完成任务。将水平较高的学生和水平较低的学生安排在一起，同时考虑不同的国别，组成4~6人的写作小组。写作小组要针对主题收集、查找、整理、分析资料、数据，讨论、辩论与主题相关的话题等。

3. 任务后期——写作成果展示和评价反馈

学生分小组以 PPT 演示报告、表演等形式展示任务的结果，或结合任务结果进行分析、讨论，复习和扩展该主题。可以通过学生自评、小组互评、教师讲评等形式进行评价，从优点和不足两方面，对表达的流利度和语言的准确度、复杂度进行反思、评估，以多种形式进行语言提升。

三、应用实例

主题单元："中外饮食风俗对比"

1. 任务前期

（1）明确写作主题

留学生在中国生活，他们中的许多人对中国菜、中国茶、酒等非常感兴趣，但对中餐的诸如点菜、上菜顺序、喝茶的讲究、习惯，喝酒时的敬酒、劝酒等礼俗等不太熟悉，产生了想了解的愿望和兴趣，所以选取"中外饮食风俗对比"这个主题单元。教师对任务适当提示，使学生了解任务目的，确定目标、研究方法、成果等。

（2）提供"语言支架"——与主题相关的词汇、句式

选取若干与本次写作主题相关的词语与表达形式，要求学生在写作中最少选用一定的数量。如：

饮食、风俗、饺子、月饼、吉祥、团圆、相聚、礼仪、以……为例、筷子、刀叉、碰杯、劝酒、喝喜酒、白酒、红酒、接风、红茶、绿茶、泡茶、斟茶、续茶、菜系、风味小吃、老字号、菜肴摆放、进食方式、入乡随俗、辈分、上座、上菜顺序、下酒菜、主菜、凉菜、热菜、菜单、点菜、做东、忌口……

2. 任务中期

（1）组建写作小组，明确小组任务

班级学生来自韩国、日本、蒙古、德国、阿根廷、俄罗斯等国，中高级汉语水平。将学生分组，从节日、人生礼俗日、宴会、日常生活等几个方面进行

中韩、中日、中德等对比。将全班学生分成4个小组，学生自己推选小组长，小组长有权对组员进行适当的调整。将"中外饮食风俗对比"这个单元主题分级：第一组"中外传统节日饮食风俗"；第二组"中外正式宴会餐桌礼仪"；第三组"中外人生礼俗日饮食风俗"；第四组"中外日常饮食"。

围绕每一个分主题设计具体任务。以"中外传统节日饮食风俗"为例，设计如下任务：任务一，介绍中国、日本、韩国、德国等最有代表性的传统节日；任务二，搜集图片、资料，介绍这些传统节日的代表食品；任务三，介绍这些食品的味道和形状；任务四，设计调查问卷：传统节日和饮食文化之间的关系；任务五，利用PPT演示文稿，小组代表为全班同学做中外传统节日饮食风俗讲座。具体小组、主题和任务分工如下表所示：

写作小组	第一组	第二组	第三组	第四组
写作主题	中外传统节日饮食风俗对比	中外正式宴会餐桌礼仪对比	中外人生礼俗日饮食风俗对比	中外日常饮食对比
写作目标	重点比较春节、中秋节（中韩），新年（中日），圣诞节和春节（中德）的传统食品	餐具（筷子、刀叉）；进食方式；上菜顺序；吃饭时的言行（碰杯、祝酒、劝酒等）	婚礼（如交杯酒）；生日（蛋糕、面条）；特别含义的饮食（如中国的花生、枣）	茶（如红茶、蒙古奶茶）、咖啡；各种菜系；各国各地小吃；如何点菜
研究方法	文献、调查	调查、文献	文献、调查	调查
写作成果	调查报告、PPT演示文稿	调查报告、PPT演示文稿	调查报告、PPT演示文稿	调查报告、PPT演示文稿

（2）小组活动

本次写作主题单元由四个小组协作完成，所以教师要充分调动四个小组长的积极性，发挥他们的组织、协调、管理的能力，随时控制进程。具体分为如下过程：

1）收集信息。

①学生运用各种手段收集、查找有关信息，培养学生的合作意识。可以从

报刊、电影电视、网络等方面收集、查找资料，时间为一周。

②学生将收集到的信息记笔记、做摘抄。

③各小组可以交换信息，资源共享。

2）设计调查问卷。各小组根据本小组的写作主题，设计不同的调查问卷。

3）各小组组员对调查问卷进行分析探讨，为写作调查报告做准备。时间为一周。

3. 任务后期

本次写作主题单元的成果为调查报告、PPT演示文稿。评价分为学生之间的同伴评价和教师评价两种。首先各小组之间可以互相评价，然后教师对每一小组进行评价，最后总评。评价的过程注意语言提升。

第一组同学从中外传统节日着手，选择了最有代表性的中国传统节日——春节，比较中国和韩国春节及中国春节和日本新年的异同；选取韩国有代表性的传统节日——中秋节，比较中韩中秋节异同；德国同学选择西方传统节日圣诞节与中国的春节进行比较。介绍这些节日的风俗、传统食品等。例如中国和韩国的春节比较：中国春节前一天叫"除夕"，这天丰盛的晚饭叫"年夜饭"，也叫"团圆饭"。传统食物有饺子、年糕等。韩国春节时吃"岁饭"，米糕片汤是最主要的食物。中国春节发"红包"，而韩国人用白色的信封装"压岁钱"。日本人新年吃"年节饭"，德国的圣诞节人们吃圣诞晚宴，最主要的一道菜是圣诞烤鹅。中韩中秋节习俗也有所不同，在中国，中秋节人们一边吃月饼，一边欣赏又圆又亮的月亮。在韩国，中秋节也叫"秋夕"，人们吃"松糕"、玩跷跷板，体验韩国传统文化。

这一组同学使用了很多与写作主题相关的词语和短语结构，语言表达准确度较高。还通过问卷调查了"传统节日和饮食文化之间的关系"，他们结论是：人们享受节日的美食，其实是享受那种欢乐的气氛。但是现在人们越来越不愿意亲手做年夜饭、年节菜、圣诞晚宴等，而是去超市买现成的东西或是去饭馆吃饭，传统习俗的影响逐渐减少。

第二组同学从中外不同的餐桌礼仪中总结出中外不同的文化传统和习惯。从餐具、进食方式、上菜顺序和吃饭时的言行四个方面来探讨，写出了调查报告,进行了 PPT 演示。他们查找了大量资料,能够利用具有餐桌礼仪文化特色的实物开展活动。例如演示时用筷子和刀叉比较餐具的不同;展示中国人的进食方式时,幻灯片放映大圆桌图片等。语言表达流利,也运用了一些与写作主题相关的词语。

小组合作学习完成各项任务为学生提供了轻松的学习环境,获得了更多相互交流的机会。完成具有一定真实性的任务,学生感到他们能用学到的语言去做事,从而获得了较大的成就感。

四、练习

1. 阅读下面两篇文章,思考以下问题:
(1)文章的主题是什么?
(2)文章从哪些方面介绍这个地方?
(3)文章所写的事情能表现文章的主题吗?
(4)两篇文章的写作思路有什么不同?

青海湖一日

去年,我和两个朋友决定去青海湖旅游,想体验一下回归自然的感觉。我们坐车来到青海湖边的一个小镇上,一切都是那么的新奇。

第二天清晨,我们开启了青海湖之旅。我们沿着高原的小路向北走,远远望见灰蓝色的青海湖,它好像从地面上突然出现在眼前。我们都激动得一边欢呼,一边向湖边跑去。到了中午,天空突然开始飘起大雪,天气也越来越冷。我们又冷又饿,可是旅馆离我们又很远,于是我们决定在附近的帐篷里借宿一晚。

走近后我们发现,这个帐篷很小,当地人称为藏包叉,是为放牧临时搭建的住处。男主人个子高高的,正在外边圈着大群牦牛和绵羊。我们表示了来意后,他热情地把我们接到了藏包叉。帐篷里面的陈设非常简单,女主人正在地上砌炉子。男主人汉语讲得不错,人也很热情,与我们一见如故。我们放下行李，也去帮着他们赶牛羊、砌炉子。他们一边教，我们一边学，看着我们笨拙的动作和一双双泥糊糊的脏手，大家都哈哈大笑。

夜晚来临，我们席地而坐。喝着当地产的酒和奶茶，吃着美味的糌粑，大家话也越来越多，从首都北京到圣地拉萨，从风俗习惯到个人理想，天南海北，无所不谈。我告诉他们，我们到这里是为了体验生活，了解更多的人的生活方式。他也告诉我们，他出生在拉萨，三十多年来几乎走遍了青藏高原。现在全家最大的梦想，就是一定要去北京看一看。他的妻子不停地往炉子里添着干牛粪，不时对我们笑笑。炉火一闪一闪照在她的脸上，显得那样美丽。煮着羊肉和土豆的小锅里飘出很香的热气，渐渐地充满了整个帐篷。

第二天一早，阳光灿烂，晴空万里。我们告别了这对夫妇，沿着公路继续我们的旅行。青海湖在阳光的照耀下变得蔚蓝。那对夫妇还远远地向我们挥手。这对朴实的夫妇，一天前我还从没见过他们，可今天我们却如此难舍难分。

——（改写自罗青松主编《发展汉语·中级汉语写作（下）》，2006年）

香港之旅

我喜欢旅游，去过很多地方，可给我印象最深的是香港。尽管每个地方都有属于自己的特色和文化，但我跟朋友们每次谈起旅游的事情，都觉得香港最有特色，在香港过得最舒服。为什么呢？因为香港的生活跟中国内地的生活很不一样。

香港的公共交通非常发达。人们可以在任何地方选择巴士、地铁和的士，到哪儿都不用担心。虽然城市拥挤，但几乎从来不堵车，所以花在路上的时间很短。

虽然是繁忙的大都市，但香港也有很多休闲的好地方。比如喝茶，可以说是香港的特色。在香港，喝茶的意思就是一边喝茶，一边吃点心。茶非常好喝，点心也有好多种类，可以随便选择。我们去香港的时候，有一个对香港非常熟悉的朋友带着我们逛街。她陪我们去喝茶，还去吃牛奶布丁。在香港，有各种各样的甜品,牛奶布丁是最有名的甜品之一。很可惜,当时我的牙不舒服,吃不了很多。饮料也有许多种类,特别是果汁,在一家饮料店,我们看到了二十多种果汁。

香港还有两个特色,也给我留下了深刻的印象。一个是夜景,另一个是垃圾桶。早就听说香港的夜景价值连城,看最美丽的香港夜景,一定要到山顶上去。从那里向下看,可以看到最美的夜景——街上的灯全亮着,简直就是星星的海洋。香港的垃圾桶不是很常见,但每个垃圾桶上面都有这样一些字:桶外扔垃圾违法,最高可罚款两万五千港元以及入狱6个月。或许正是因为如此,香港非常干净,没有人在街上吐痰、乱扔垃圾。

最后想说的是,香港的车靠左行驶,如果想在香港开车,可得好好儿习惯一下。

——(选自蔡永强编著《发展汉语·中级写作Ⅱ》,北京语言大学出版社,2012年)

2.两人一组讨论:

(1)你去哪些城市和地区旅行过?说说你最难忘的一次旅行经历。

(2)你的家乡在哪里?你现在在哪座城市居住、生活?

(3)这些城市和地区有什么特色?请说出至少三个特色。

3.阅读下面短文,说说文中所描写的厦门有哪些特色?文章结构是否完整?

列出你自己的写作提纲。

厦门之旅

我跟我的中国朋友去年暑假去了一趟厦门。厦门既美丽又干净,给我留下了深刻的印象。

我印象最深的是鼓浪屿。我们坐船去鼓浪屿,那座岛屿有很多西式建筑,给我的感觉好像夏威夷一样,很有意思。我们去了日光岩景区,夏天爬上去是一件很辛苦的事,但是到达顶峰以后就不知不觉忘记了那种辛苦,因为从顶峰往下看风景太美了!

其次给我留下深刻印象的是厦门的"土笋冻"。我的中国朋友是厦门本地人,她给我推荐了很多有特色的当地美食,其中有一种叫"土笋冻",我看到后大吃一惊,因为这种食物里面有很多"虫子",听说叫"沙虫"。我吃了一点点,味道还不错,好吃是好吃,但是我受不了它的样子,简直边哭边吃了。我的朋友告诉我,她最喜欢吃"土笋冻",口感特别好,而且沙虫富含满满的胶原蛋白,不仅美容养颜,还具有滋阴、祛火的食疗作用,被誉为"动物人参"。虽然这种食物营养这么丰富,但是我还是不那么喜欢它的样子。

4. 写作主题单元:"世界那么大,我想去看看——世界名城名胜"

作文题目自拟,500字以上。

五、学生习作

习作 1

北京的名胜古迹

我在中国留学快两年了。我刚到北京时正是秋高气爽的好时候。一到这里,我的眼界随即开阔了。我发现,来中国留学不仅仅是为了提高汉语水平,还帮我成长。在这里认识的人、每天得到的知识、参观的每一个地方都给我留下了深刻的印象。

在北京的第一年我是北京语言大学的学生,读汉语预科。那些日子是我生活中最美好的日子之一。一想那里经历过的事情,我就恋恋不舍。2015年的9月,我的留学生活有了很大的变化。我终于开始读本科。我"搬家了",来到北京第二外国语学院,我如今的"家"。这里是新的开始。二外的风格与我的性格很相配:宁静的学习环境,热情友好的老师同学,很适合学汉语。这两所大学就是我在中国的"家",第一所帮我起航,第二所帮我实现梦想。

刚到中国的时候,秋色宜人的那些日子,我和同学们去北京最有名的名胜古迹之一颐和园参观游览。颐和园有山有水，美不胜收。我被长长的十七孔桥、高高的万寿山和佛香阁震撼了。颐和园的美是不可言喻的。我还去过好多次圆明园。与颐和园相比，我觉得圆明园似乎名气没有那么大，不过，这个公园很值得去参观，特别是春节的时候，风景给我们带来一个新鲜的感觉。

  我第二个参观过的名胜古迹是长城。中国人说："不到长城非好汉"，这句话的意思就是，来中国一定去长城。慕田峪长城、八达岭长城和水长城我曾经去过好多次，同样的古迹，不同的感觉。去水长城是春暖花开的时候，那天下着小雨，细雨中的长城有一种特别的美，令人享受。去慕田峪长城是初冬时节，那天快要下小雪的样子，天气有点冷。虽然树上的叶子都落了，但风景还是格外美丽。第一次去八达岭长城是春寒料峭的时候，虽然我没看到树发芽的样子，但风景依然很美；第二次，是在数九寒天的时候，下了一场大雪，"北国风光，千里冰封，万里雪飘。望长城内外，惟余莽莽"，冰天雪地中的长城银装素裹，简直是人间仙境！

  我很喜欢参观自然公园。在北京，有很多天堂般美丽的公园。其中香山是我在北京最喜欢的地方之一。在这里能一边欣赏风景一边锻炼身体。春花秋月何时了，天气很不错，不冷也不热，爬山很舒服。

  一到春天，趁桃花开的时候去北京植物公园。花红树绿间晴空，太让人着迷了。

  夏天的时候很值得去青龙峡。在那里，有山也有水；各种各样的活动，包括坐船和蹦极。喜欢冒险，就去试试。

  如果想了解中国历史和文化，除了这些地方以外，还可以去天坛和潭柘寺。天坛能帮你了解以前的传统习惯。潭柘寺让你对中国佛教有所了解。当然，到北京一定要去故宫。虽然人特别多，但这也是那些"非去不可"的地方之一。

  北京还有一个特别突出的特色：北京胡同。来到北京一定要逛北京胡同。我自己觉得这才是北京的真正滋味，这才是"老北京"。我最喜欢的胡同叫做南锣鼓巷，有很多各具特色的小商店，而且从这里可以很方便地去后海。

  这些都是我在北京最喜欢的地方。还有很多很多地方也值得去。我觉得既然来北京留学，就多多参观北京有名而且好玩儿的地方。不但能让你开心快乐，还能了解更多关于中国的历史和文化。

习作 2

维也纳的四季

我在中国已经待了很长时间了，我早已把它当成了我的家。每次回维也纳看家人的时候就算是我的"旅游"。跟着我畅游一下维也纳吧。维也纳是一个很有特色的城市。特色在哪里呢？

首先维也纳最有名的是音乐，它也是音乐中心之一。从贝多芬到莫扎特一直到金色大厅都充满着艺术气息。在路上或在咖啡厅里哪儿都能听到传统音乐。

维也纳有两千多年的历史。它从罗马帝国时的名字（Vindobona）慢慢地演变成了 Wien、Vienna。文艺复兴是我们奥地利的最辉煌的时代。那时候我们是一个强大的帝国，哈布斯堡王朝。相比帝王，我们国家的女王更多，比如玛利亚－特雷莎，她在四十年内生了二十四个孩子。她认为学习对孩子们来说是最重要的。她立了法，规定所有的孩子不管是贫穷或是富有都至少要上四年小学。她的法律传播到了其他欧洲国家，以至于现在全球孩子都有了受教育的权利。

如果你想要了解我们维也纳人平时生活的特色，那一定要去咖啡厅（Kaffeehaus）看一看。奥地利人不仅喜欢喝咖啡而且也喜欢吃甜品。咖啡厅里有各种各样的蛋糕配着更多不同的咖啡。即使你不熟悉的话，也可以放心，因为这里的蛋糕一个比一个好吃，咖啡一种比一种好喝。

维也纳不仅是世界上空气最好的城市之一，而且我觉得它的四季一个比一个美丽。这里的四季跟四种元素土、火、风、水一样。

拿春天来说吧，草原上还覆盖着皑皑白雪，不过雪莲花已经从下面慢慢地长出来，如春蚕破茧一般的稚嫩可爱。雪融化了之后，没有一个地方看不到生命。从地上的五色的虫子一直到天上翱翔的金雕，哪儿都是动物，哪儿都是生命的气息。春天就如四元素中的土。

一看到有人在晒日光浴,就知道夏天已经到了。夏天有时特别热,但是为了国家的环境,哪儿都没有空调,所以维也纳环境很好,哪儿都是绿葱葱的,人们可以跳进家里的游泳池,或去公园的大树下乘凉,被大自然包围着,那样的生活真是惬意。夏天就如四元素中的火。

如果树上的叶子被变成了红棕色,那就说明秋天来了。天气越来越凉快,白天也越来越短。秋天是一个丰收的季节,到处是金黄色,这里的瓜果很是甜美爽口。这里的秋天刮风是常有的,风力那么大,有时落叶仿佛都被吹回了树上。但是没那么干燥,而是带着丝丝的凉意,让人感觉到神清气爽。秋天就如四元素中的风。

一觉醒来,从窗内往外看,一片银装素裹雪的世界,那就是冬天的标志。在维也纳下的雪才真是厉害,一天能下到两米左右是寻常的。打开大门,雪就像是撒娇的娃娃们,涌进屋子里来。停在路旁的车也被穿上了一件雪的衣裳,暂时也开不了。冬天我最喜欢的运动就是滑雪了,因为奥地利连接着阿尔卑斯山脉,在我最喜欢的滑雪胜地,我可以滑一个星期,都不会滑在同一条雪道上,因为滑雪的场地实在是太大,轨道实在是太多太丰富了。冬天就如四元素中的水。

这就是我的家乡维也纳,我爱它,也爱它那犹如四元素一样完美的四季!我的维也纳之旅是这样的,如有机会,请不要吝惜你的时间,来一趟属于你自己的维也纳之旅吧!

习作3

别具特色的威尼斯

意大利有着悠久的历史和文化,每一个意大利城市都有属于自己的特色。但是我觉得威尼斯是最有特色的。

威尼斯在意大利的东北部,最有意思的特色是威尼斯建于海上,难怪它被叫做"水上都市"。在那里没有大的街道和马路,只有河、小小的路和桥。因此在威尼斯不可以开车、骑自行车，也没有公共汽车、出租车等等。不管你要去上课、上班还是买东西，在威尼斯你都得走路！如果太累的话，当然可以坐汽船或者坐贡多拉参观一下、拍照片，很好玩儿。

秋天和春天的时候，在威尼斯常常发生一个很有意思的现象，叫"高水"。高水特别厉害的时候，在威尼斯的路上、广场都是海水。走路很不方便，应该穿很大、很高的雨靴，一定小心。好在威尼斯的高水一般持续3到4个小时，然后水位就会降下去。

威尼斯还有一个特色，就是"欢乐时光"。晚上6点，晚饭之前，威尼斯人喜欢去小酒吧，一边喝酒、吃小吃一边聊天儿。地道的饮料叫"Spritz"，是白葡萄酒、水和一种橙色的酒混合而成的。

最后一个特色是，在每个商店可以买穆拉诺玻璃的东西，例如花瓶、耳环、项链等。那个非常漂亮的工艺品因在威尼斯附近的穆拉诺岛制造出来而得名。

习作4

昆明三日行

国庆节的时候我和妈妈一起去了昆明。昆明是云南的省会，也是一座很大的现代化城市。人口600多万，面积21平方公里左右。气候温和，不冷也不热，很舒服，难怪昆明被称作"春城"。

来到昆明的第一天我们去看东川红土地。从昆明到达景点行程约250公里。虽然离昆明有点儿远，但是风景别提多漂亮了。在那里我们参观了七彩坡、锦绣园、落霞沟和螺蛳湾等景点，在瓦房梁子看落日，那样的美景终生难忘。在东川红土地不但可以欣赏到五彩缤纷的颜色，而且还可以享受安静的环境。因为景点比较偏僻，交通不方便，所以游客不太多。如果你想去红土地，最适合摄影的季节是5—6月和9—12月，不同的季节可以看到不同的景色。

第二天上午我们去了石林。石林距昆明城80公里左右，是一座由岩石组成的、以岩溶地貌为主体的"森林"，面积有400平方公里。石头的形状都不一样，有大的，有小的，有高的，有低的，千姿百态。有的石头像小孩，有的像老人，有的像小狗……参观石林的时候，我们一直跟着石头走，走得越远人越少。走到最远的地方，一个人都没有！

下午我们去了昆明园博花鸟市场。在那里有很多美丽的花，可爱的小鸟、小狗、小猫、小鱼、兔子等动物，很多好玩、新奇的东西。我和妈妈还在茶馆品尝了好喝的红茶。在这里时间好像很慢，我们也慢慢地享受。晚上我们去了市中心的翠湖公园。虽然不是很大的公园，但我觉得很有特色。我学习了《再平凡也可以活成一座丰碑》这篇课文，在翠湖公园找到了"海鸥老人"的雕像，就像课文里写的：吴庆恒老人坐在水边，面带微笑，在他的手上、身上，停满了他最爱的红嘴鸥。这位老人虽然是一个很平凡的人，却做出了很不平凡的事。一座雕像把人、鸥和谐相伴的美景永远地留在了翠湖边上。

第三天上午我们去西山。西山在昆明的西南，最高峰海拔2500米。因为妈妈不想爬山，她说自己爬不上去，所以我们坐索道上山。索道速度很慢，我们就有时间欣赏辽阔美丽的自然风景。到达山顶时，一边大口呼吸着新鲜的空气，一边欣赏着滇池全景，心旷神怡。下午我们去了大观公园，这个公园离滇池很近。大观楼是公园最重要的景观，有300多年的历史。最有名的是一副有180个字的"中国古今第一长联"。最后我们参观了圆通寺，这是昆明最古老的佛教寺院之一，已经有1200多年的历史，是一个既热闹又安静的地方。

妈妈回法国后，告诉我昆明真是一个充满魅力的地方，昆明之旅是一次难忘的旅行。我完全同意她的看法。

第六章　内容型写作教学法及应用实例

一、内容型写作教学法

1. 内容型教学

内容型教学（Content-Based Instruction，简称 CBI），也可称为基于内容的教学或依托学科内容的教学，是 20 世纪 80 年代以来兴起的一个外语教学法流派。它不是一种具体的教学方法，而是一种基于某种主题或某个学科，以内容为核心来组织教学的第二语言教学理念。CBI 是将目的语作为学习学科知识的媒介，反过来讲，学科内容成为语言学习的内容和来源，因而语言能力的获得是学科内容学习过程中的副产品。它强调语言教学过程不仅仅是语言本身，而是更多地围绕某一具体内容，关注真正的交流与信息沟通。

内容型教学的关键，在于其教学目标的双重性。它既要求通过教学促使学生具有某一方面的专门知识，同时又要求关注语言教学，提高学生的语言能力。内容型教学活动不是按照语言教学大纲展开，而是围绕学生所要学习的内容和获取的信息而展开。认为语言的应用要把听说读写技能结合在一起，它没有固定的、一成不变的技能教学顺序，相反，它可从任何一种技能出发。这种整合观是基于一种对语言教学的认知：只有同时给予语言系统和内容相同的重视，而不是将二者分离开来，才能促进两方面的同时发展。而运用目的语进行学科内容教学可以较理想地达到整合这两个方面需要。在这一模式下，学生的学习重点是通过第二语言获取信息并在此过程中发展语言技能。这意味着在教授二语或外语的情境范围内，可以将语言与专业课中的话题或任务融合起来学习。学生除了学习语言和专业知识外，还学习取得学术成功所必需的技能。

2. 内容型教学具体模式

内容型教学法作为一种教学思路，对"内容"并没有具体的界定。"内容"可以指用语言进行交际的学科知识；"内容"可以是任何话题、主题或非语言问题，只要学习者感兴趣或认为重要就行；"内容"还可以是在认知上对学习者具有吸引力并有较严格要求的材料，这种材料超越了目标语或目标文化。对"内容"的不同理解以及教学目标的差异，基于CBI教学理念产生了几种不同的具体教学模式。常见的有主题模式（theme-based approach）、保护模式（sheltered-content courses）、辅助模式（adjunct courses）、专题模式（language for special purposes）、完全沉浸模式（total immersion）等。

主题模式指语言课程大纲围绕主题或话题来组织，强调真实语料；专题模式指直接用目的语来教授专业课知识，要求教师在考虑到学生语言水平的基础上进行专业课授课，同时学生以语言为媒介，进行专业课程的学习；辅助模式即在学生学习专业课程的同时开设语言课程，进行语言辅助，它一方面保证了专业课的精准和专业度，同时也为学生在学习专业课的道路上扫除语言障碍。

不同教学模式对于内容的理解不尽相同。比如专题模式和辅助模式中，大多数学者认为内容相当于具体的专业性较强的学科内容；而对于主题模式，很多学者又认为内容不限于学科知识，它可以是任何话题和非语言知识内容，只要是学生感兴趣的内容即可。在这些不同的模式中，语言与内容的关系也在变化，从语言为主的"语言主导"到内容为主的"内容主导"是一个连续的渐变等级。

3. 依托学科内容的写作教学

内容型教学要求学习者具有相同或相近的学科知识或兴趣，并具有相当的语言基础。依托某一学科内容进行写作，准确地说是一种内容和语言融合的教学，专业知识传授和写作教学两方面相辅相成。

来华留学生中，学历生的数量不断增加，用汉语进行专业学习的需求日益增强。根据相关调查，来华留学生在专业学习中遇到的困难主要集中在听课和学术论文写作这两个方面。汉语言专业留学生有大量专业课程,如"跨文化交际""中国现当代/古代文学""商务汉语""中国概况",等等。在专业课学习过程中,学生要具备学术汉语口语和书面交流能力,如用汉语听课、记笔记、查找文献、撰写论文等。

学生除掌握专业知识外,还需要具备基础的研究能力,掌握读书报告、课程论文写作的基本步骤和规范。课程论文写作是学术论文的一种,要对某学科领域的问题进行研究与探讨。需要解决的不仅仅是学术写作规范问题、语言写作问题,更重要的是学科研究的问题。任课教师需要根据学生的实际,激发学生研究的兴趣,在此基础上,做好课程论文写作训练,不仅有助于学生语言能力的提高,而且有利于学生思维发展和研究能力的提高。

教师要引导学生将所学专业知识与实际研究结合起来,运用专业知识分析、解决现实问题,让学生有内容可写,将写作渗透到专业课程学习中,学生学习有关领域的专门知识,在完成作业、论文的过程中,提高汉语写作水平。

二、实施步骤

本科高年级留学生已经经历了基础阶段的汉语写作训练,但是大多数学生直到课程论文写作时才开始关注到研究问题。教师要结合相关专业内容,通过事先准备好的课件进行授课,然后通过课程论文写作,让学生对所学的知识进行写作练习,从学科研究的角度进行写作。

1. 通过课堂专业知识讲解搭建概念框架,加强"内容"输入

所谓概念框架是指由相关概念和知识点之间的有机联系所构成的知识体系。在依托学科内容的写作中,学习者对相关概念和知识点的学习非常重要。学生通过概念框架可获得对所学课程基本内容、概念的宏观把握。在课堂上,教师运用内容型教学法,将教学内容作为课堂的中心。如果教学内容涉及中外交往习俗,那么就要讲解不同文化的社交习俗和礼仪,包括如何宴请招待、馈赠礼物等及交往中需要注意的细节,如礼尚往来、座次讲究、点菜细节,等等。

2. 教师为学生提供各类"支架",为写作做好准备

这里"支架"是指在学生学习过程中教师提供的各类资源和指导,如相关案例、资源、语言支架等。这些支架应注意架构在学生的"最近发展区"内,即处于学生已有认知和可能达到的认知水平之间的区域,也能真正帮助学生进一步探索。如讲授集体主义观念时,通过相关俗语、诗词举例,说明中国的历史文化传统强调群体意识,如"先天下之忧而忧,后天下之乐而乐""苟利国家生死以,岂因祸福避趋之""捐躯赴国难,视死忽如归""天下为公""为人民服务",等等。教师通过事先准备好的课件进行授课,加强课堂互动,开展如课堂提问、案例分析、情景模拟等课堂活动,使学生了解相关专业知识,也为写作做好准备。

3. 鼓励学生查找资料,自主学习,建立起相关概念知识的个人认知

课程论文写作过程中,查找资料很重要。鼓励学生自主学习和个人探索。在学生掌握专题基本知识、概念的基础上,教师可通过提供相关资料或者资料检索渠道,促使学生尝试扩大、深化对相关专题知识的理解;同时鼓励学生在教师提供资源的基础上,进一步通过个人努力扩大资料来源,通过网络、图书、相关报刊等媒体资源获得更深入的相关信息,直至能够基本建立起关于所学相关概念和知识点的个人认知。

师生之间交流对相关专业内容的看法,学生之间还可相互交流收集到的资料。语言学习和学科知识学习互为语境,学生以汉语为媒介探索语言或其他学科的新知识,汉语既是学习内容,也是学习工具。

4. 根据相关学科专题知识创设写作情境,完成写作任务

教师要为学生创设恰当的学习情境,便于学生们理解并进而运用已有知识解决问题、完成任务。系列问题或任务根据所学相关专业知识和学生的认知水平而设,要求学生通过个人的独立探索或小组协作获得对相关问题或任务的初步解答和思考。在这个过程中,教师应适当引导学生思考通过何种途径或策略来解决问题或完成写作任务,提高学生分析和解决问题的能力。

教师根据所讲学科专题布置课后思考题及写作任务,学生可以独立探索,也可以将学生分组,以小组为单位合作解决相关问题或完成相关任务,最后独立完成书面写作任务。

5. 写作成果评估与反思

学生通过课程论文展示自己的学习成果。最终评估应将学生自我评估、互相评估与教师对学生的评估结合起来。

三、应用实例

"跨文化交际"是汉语言专业三年级本科留学生的一门专业必修课,这门课程主要向来华留学生介绍不同文化的特点和交际类型,侧重揭示行为模式背后的价值观和思维方式,培养学生在跨文化背景下的文化认知能力;使留学生了解影响中国人交际的各种文化因素,分析文化冲突产生的原因,帮助留学生更清楚地把握中国交际文化与他们本国交际文化的区别;解决学生在跨文化交际中因文化的差异而产生的种种困惑,逐步提高学生跨文化交际的实际能力。课堂采取讲授、典型案例分析、课堂讨论、情景模拟表演等方式,除平时考查外,还需要写课程论文。任课教师需要根据学生的实际,激发学生研究的兴趣,在此基础上,做好课程论文写作训练。

1. 通过"跨文化交际"课程专业知识讲解搭建概念框架,加强"内容"输入

依托学科内容进行写作,学生学习掌握相关概念和知识点非常重要。例如在讲解"跨文化交际"课程的"价值观念"时,教师通过课堂讲解、问答等方式加强互动,为学生搭建概念框架:"什么是价值观?""价值观与文化的其他要素相比,有什么特点?""群体取向与个人取向有什么不同?""中西方隐私观有什么差异?"等等。在讲解"人际关系与跨文化交际"时,设置系列问题:①什么是人际关系?人际关系的类型有哪些?②影响人际关系的因素有哪些?③影响人际关系的文化因素包括价值观念及一系列角色规范,什么是中国传统社会的差序格局?④中国传统社会服从权威和长辈这种观念有什么利弊得失?⑤人际关系的类型有哪些?各有什么特征?进行人际关系的跨文化对比分析,等等。

教师在课堂上加强学科知识内容输入,学生通过以上概念框架获得对所学内容的把握。

2. 提供案例、资源、语言等"支架",为写作做好准备

讲解人际关系取向及价值观念中的家庭观念,以中国传统核心价值观"孝"为例进行说明。

(1)引导学生搜集广告、新闻、俗语、诗词等相关资料,分析其中所蕴含的"孝"观念。如:

百善孝为先

要知父母恩,怀里抱儿孙
谁言寸草心,报得三春晖
父母在,不远游
羊有跪乳恩,鸦有反哺意。
……

(2)以中国不同时期的两个公益广告为例,分析说明它们所体现的"孝"。提供视频资源,要求学生除了观看视频外,还要把广告内容复述出来,形成书面文字。

《帮妈妈洗脚》VS《爱是一种传承》

央视早期公益广告《帮妈妈洗脚》:短短的46秒广告,我们可以看到,忙碌一天的妈妈给自己的孩子洗完脚后又端着盆给自己的母亲洗脚,在这个过程中,小男孩偷看到了一切,然后就效仿妈妈的举动,端了一盆水走到自己妈妈的面前,说要给妈妈洗脚。在广告开始的时候,出现了八个字:"关爱老人,用心开始",又在结尾的部分缓缓地出现了一句:"其实父母是孩子最好的老师。"从中我们可以看出,广告所体现出的价值观是"孝",尤其注重表达孝心这个词的深刻含义。它透露出的核心思想是:孝心是需要培养出来的,父母要以身作则,在孩子面前树立一个好榜样,尽可能地多为自己的父母尽孝,这样孩子们才会知道怎么去尽孝。(公益广告1:《帮妈妈洗脚》http://my.tv.sohu.com/us/1793869/56775846.shtml)

另一则央视公益广告《爱也是一种传承》,举了一个反面例子去说明孝敬老人的意义和拥有一片孝心的重要性。播放的片段中,我们可以看到,一位小女孩开心地看到了当天是奶奶的生日,开始为她写贺卡。另一场景,老母亲也刚好要出门去商场买菜,准备让自己的孩子回家吃顿饭。但当她打电话给自己儿子,说想让他回家吃晚饭时,儿子却回绝了她,说他很忙,没空。挂了电话之后,男主人公就跟自己的女儿说:"爸爸去加班了,跟爸爸再见",话音刚落,小女孩就不耐烦地说:"我很忙,没空",然后就跑开了。这时男主人公才发现,女儿为自己的母亲准备的生日贺卡,然后屏幕中央缓缓地出现了一句:"爱也是一种传承。"(公益广告2:《爱也是一种传承》http://igongyi.cntv.cn/2015/11/18/VIDE1447830481674815.shtml)

教师引导学生分析总结两则公益广告中所蕴含的价值观念:

可以看出,两个不同时期的公益广告所传达的价值观和含义都是一样的,只不过一个用了正面例子去表达,另一个却用了反面例子来说明孩子为自己父母尽孝的重要性。"孝"既是中华民族的传统美德,也是中国人民代代相传的传统价值观,就算时代在变,但孝敬老人,天经地义,这个道理在中国是不会变的。有句俗话说得好:"百善孝为先",想要做一个好人,首先就要从孝顺自己的父母开始。

两则广告所表达的核心价值观均为"孝",其中最为突出的两种孝的思想观念是孝心与孝道。就像广告中所讲的那样,父母是孩子最好的老师,父母的一举一动都会对孩子产生重要影响,所以在你不孝顺你父母的同时,你的孩子也会因你的陋习不孝顺你。也正是这样,这两则公益广告是为了让人们去反思,自己不孝的行为可能会造成一个恶性循环,会让自己的孩子在将来用同样的理由作为不孝的借口。

3. 布置课后思考题及写作任务，引导学生查找资料，分小组完成任务

（1）课后思考题

①在传统观念中和现代社会中，中国人认为应该怎样对待父母？你们国家一般认为应该怎样对待父母？

②中国人认为父母应该怎样照顾、教育和对待孩子？你们国家呢？

③中国人眼中的"孝"和你们国家人眼中的"孝"有什么不同？

④当代年轻人对"孝"的看法有什么变化？

（2）写作任务

选择课后思考题中的一个，完成小论文，题目自拟。

（3）学生完成写作任务

通过小组合作查找资料，阅读文献，同学们对以上问题有了比较深入的了解。每位同学要选择一个问题进行研究，自己拟定题目，完成课程论文。如"中外（韩、越）孝文化对比""当代年轻人对孝的看法"等，通过案例分析、问卷调查等方法进行研究。

4. 写作成果评估与反思

从学科研究的角度进行写作，对本科留学生来说是挑战，也是全新的认识。从学生提交的课程论文来看，优秀的课程论文研究方法得当，研究思路清晰，语言流畅，内容丰富。学生能从学科研究视角开展研究，运用所学专业知识分析、解决现实问题，能清晰表达自己的研究思路，有个人见解。如《当代年轻人对孝的看法》一文，通过问卷调查的方法进行研究，设计了"在日常生活中如果跟父母发生冲突，你倾向于怎样解决？""如果你发现父母、长辈的观点是错误的，倾向于怎么解决？""你怎么看'不孝有三，无后为大'？""你认为哪些'孝'的行为符合现代社会的观念？"等问题，层层推进，条理清晰。但也有少数学生对学科知识掌握得不够好，专业知识积累不够，因此所写的课程论文思路不够清晰，内容不连贯，不能联系所学专业知识分析解决问题，需要继续加强学习。

依托学科内容进行写作，将写作渗透到专业课程学习中，专业知识传授和写作教学两方面相辅相成。在完成课程论文的过程中，所学专业知识让学生有内容可写，学生运用所学专业知识分析、解决现实问题，写作能力也得到了提高。

四、练习

1. 阅读下面文章，思考以下问题：
（1）这篇文章讨论的是什么问题？
（2）文章的观点清楚吗？
（3）文章条理清楚吗？
（4）语言表达方面有没有问题？
（5）你认为这篇文章是合格的课程论文吗？

日本人的沉默

许多人一起谈话或上课中跟同学们一起讨论的时候，一般日本人说话比较少。"日本人怎么了？""他们说话害羞吗？""他们不听我们说话吗？"并不是这样。那样的情况下我们日本人有特殊的沉默。其实我们一边保持沉默一边找自己发言的机会。

对我们来说这个沉默是重要的。这个沉默中我们的脑子很快想四件事。第一，掌握情况；第二，看对象；第三，选择最正确的语言表现；第四，伺机等候发言的时机。这些四个事儿想好了后才发言自己的想法。沉默中的这些行为我们叫"空気を読む"。我自己日语翻译成中文的话，"看气氛"。最近在日本生活中的各方面都重视"看气氛"。"KY"被推荐2007年新语·流行语大赏。意思是"Kuki Yomenai"→"空気読めない"→"看不懂气氛"。例如说：许多人一起认真得讨论的时候，有一个人不看气氛随便的发言，就冷场了。年轻人把那样的人叫"KY"。这个表现有一些看不起人。"KY"存在什么样的年龄、什么样的性别。

但是"看气氛"有好处和坏处。先说好处，在公司工作、会议、商业上的谈判、说明会上特别重视"看气氛"。一般"看气氛"的人，人与人之间的交流能力也高。所以讨论顺利成功。其次说坏处,许多人一起讨论的时候谁也都不说话,所以"看气氛"自己也不说话。讨论不能结束。再说如果桌子上有一个红红的苹果,可是周围人都说"桌子上的苹果是黄色的!"虽然这个例案是有点儿夸大可是生活中常常有这样的事儿。特别是对比我地位高的人的发言,我们"看气氛"不能反驳。所以外国人经常批评我们日本人的这样的行为。他们不能理解我们的想法。

原来日本人有这样的基本想法。别扰乱人与人之间的协调,所谓重视人与人之间的和谐、问得不多是美德、还有坚持己见是不好。所以我们不知不觉"看气氛"决定自己的行为。得"看气氛"的习惯有两种方法。第一个是在家庭生活里自然养成的。所以受各种家庭的教养影响很大。第二个是成人以后社会中自己学到怎么"看气氛"。这个是大部分一样的礼貌形态。

可是来中国以后我才发现"看气氛"是只有日本人的之间可以用的行为。虽然我只"看气氛"找自己发言的机会但是别的国家的人认为我的态度不认真。因为我一直不说话。我觉得"看气氛"是,不是不好的可是应该考虑用的地方和人。现在许多日本人在国外生活,我们应该努力入乡随俗的行为。

2. 阅读下面文章并进行分析(结合"跨文化交际"课程相关知识内容)。

美国"搬家人口"一年五千万

《环球时报》记者前不久去洛杉矶看望姐姐一家,正赶上他们准备搬家。印象中,这栋房子才住了5年,怎么说搬就搬呢?姐姐解释说:"融入美国有各种指标,其中一项就是要乐于搬家。美国人是喜欢搬家的族群,他们像浮萍一样四处漂泊,'见异思迁'。"的确,美国人口普查局最近公布数据说,美国人是全球最爱搬家的群体之一,一个美国人一生平均搬家11.7次。女性平均会在一个区域居住5.6年,男性则只有4.9年。在中国人看来兴师动众地举家搬迁,到了美国却成为小菜一碟。

"哪里有面包,哪里就是祖国",这是美国人的老祖宗从欧洲移民到美国时的响亮口号。现代美国人继承并发扬了"爱挪窝"精神,哪里生活好就把家搬到哪里。全国每年约有17%的人搬家，约合5000万人口。其中60%的人在州内搬，40%迁往其他州。虽然中国的人口流动很大，但跨城市举家搬迁的比率远远低于美国。有分析人士称，美国人搬家的原因很多，他们不像东方人那样有落叶归根、乡土难离的恋家情结，生活中的实用色彩很浓。日本福岛核辐射发生后，尽管日本政府三令五申通知禁区内的居民迁移，仍然有一些"钉子户"誓死不离开家园。这种情况换到美国是很难想象的。

  美国人换工作比较频繁，跨州跳槽是常事。很多美国企业诸如微软、可口可乐，都会为外地来的员工支付搬家费。200多年来，美国的人口重心以每年约10公里的速度不断西移。这是因为西部的经济实力不断增强，资金和人力也逐渐被吸引过去。很多好莱坞电影和美剧里都有搬家的桥段。在数次被翻拍的电影《复制娇妻》中，女主人公就因工作不顺，赌气从曼哈顿搬到一座小镇，从而引发一出离奇的家庭闹剧。众所周知，美国人一辈子数次离婚的情况并不鲜见，每次离婚和再婚都得搬家。在爱情片《西雅图不眠夜》中，汤姆·汉克斯饰演的男主角丧偶后便带儿子从芝加哥搬往西雅图。"换个环境以求换个心情"，成为许多人跨州迁徙的动力。此外，美国白人和亚裔非常重视下一代的教育，为改善就学环境搬迁的也不在少数，可谓美国版"孟母三迁"。

  在洛杉矶住了5年，记者的姐姐非常留恋现在的住处，但姐夫换了工作，开车回家都觉得远，搬家成为必然选择。仔细算下来，5年间对面房子里的邻居已换了五茬。再往相邻的房子数过去，少的也至少换了2户，多的则换了4户。经常见邻居卖房的广告才撤掉，又立起来。美国人搬家没有任何限制，甚至不需要和警察局打一下招呼。由于人车不离，当地政府都是根据车辆流入流出的登记信息，来掌握车主迁移动态的。

  在美国的报纸中，招聘信息和房地产广告永远占据广告主要位置。搬家的频率之高也带动租车业的繁荣。为节省请搬家公司的费用，美国人大多喜欢租辆超大集装箱型搬家车，自助搬家。大多数情况下人们只是搬运重要家具和细软，但偶尔也有连木制房子一起运走的。姐夫多次劝姐姐搬家，他说一栋房子住满5年后售出，所得利润可以免税，所以搬家挺划算。可自从金融危机后，建筑商很难得到银行的贷款来盖房，因此市场上可供选择的新房不多。于是，他们斗胆决定自己去买地，然后找个建筑商来建房。这时候才发现，寻找合适的地、合适的建筑商绝非易事，选择的过程像择偶一样慎重。不过这种做法在如今的美国并不少见。

其实，"生命不止，搬家不息"，在不断地迁徙中结识新朋友，未尝不是件好事。何况"树挪死，人挪活"，说不定搬家还真能折腾出一番新事业。

——（文章来源：《环球时报》，2012 年 3 月 13 日）

3. 从以下题目中选择一个，撰写课程论文，题目自拟，字数不少于 1000 字。

（1）比较分析中国与你们国家隐私观、面子观、亲子观等观念文化。

（2）中国与你们国家人际关系比较（跨文化人际交往中的师生关系、朋友关系等）。

五、学生习作

习作 1

当代中越青年对"孝"的看法

本文通过调查问卷，调查分析中国和越南两国 18 至 26 岁的青年人对"孝"的看法，以及传统孝文化在两国当代社会的发展与变化。

本次问卷调查共调查了 50 名中国青年与 25 名越南青年，年龄在 18 至 26 岁，其中中国有 28 位女生，19 位男生，越南有 17 位女生，8 位男生。全部本科以上学历。从中国青年处收回 47 份合格问卷，从越南青年处收回 25 份合格问卷，共收回 72 份合格问卷。

调查问卷一共有 10 个有关"孝"或父母子女关系的问题，通过这些问题来了解中越两国青年人对"孝"的看法。

首先需要了解两国青年人对"孝"的理解主要的来源。不管是中国还是越南的青年，大部分都认为家庭教育是他们了解"孝"的主要途径。

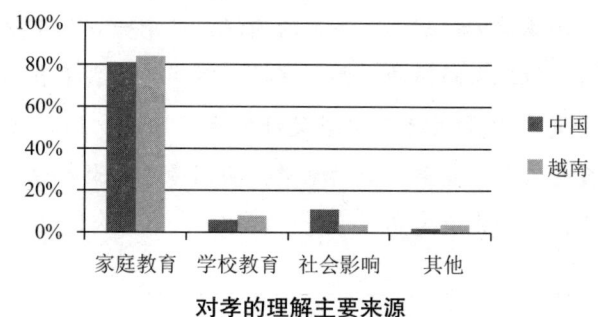

对孝的理解主要来源

子女与父母的关系建立于两代的沟通，多多了解沟通会拉近父母与子女的距离。因此本调查了解了子女与父母的沟通频率情况。中国青年经常跟父母聊天的达到72%，越南青年经常跟父母聊天的只占有56%。与父母沟通聊天大多数没有任何目的主要是随便聊。青年人想更加了解父母的情况，中国只占总人数的17%，越南占12%。

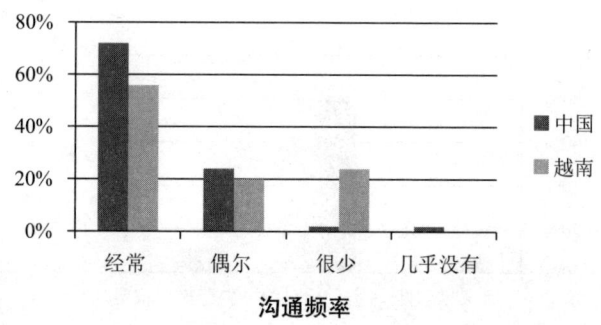

沟通频率

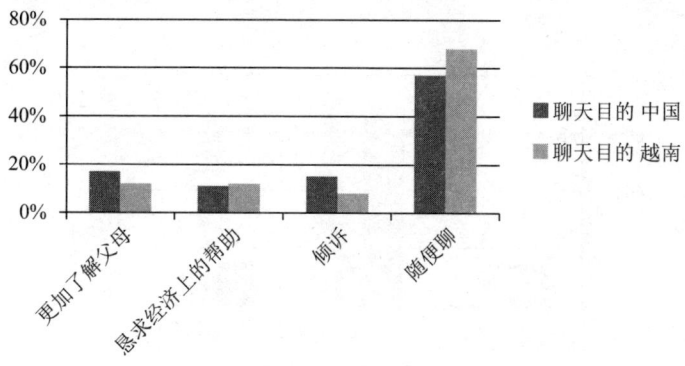

聊天目的

传统"孝"在儒学中被赋予了丰富的内涵，其中一方面是要求子女对父母绝对理解与服从。但现在两国的青年人选择了不同的方式来表达自己对父母的孝顺心态。不管是在日常生活当中跟父母发生了冲突，还是父母的观点有错误，或者做出自己的人生重要选择的时候，两国青年人大部分倾向于跟父母商量讨论，最后才自己做出决定。

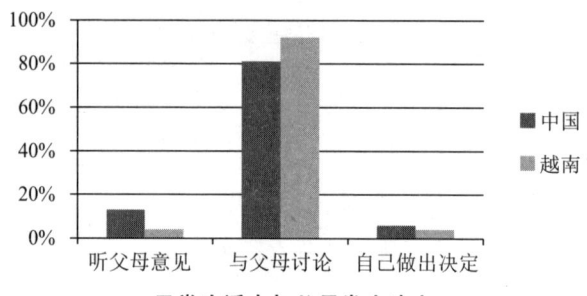

日常生活中与父母发生冲突

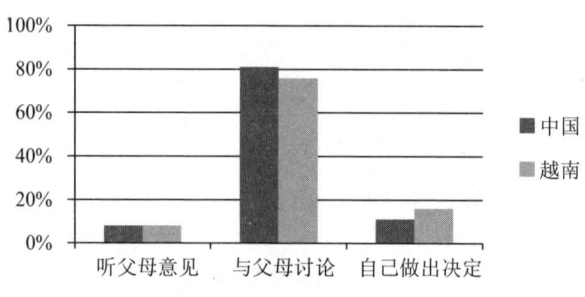

要做出人生重要决定

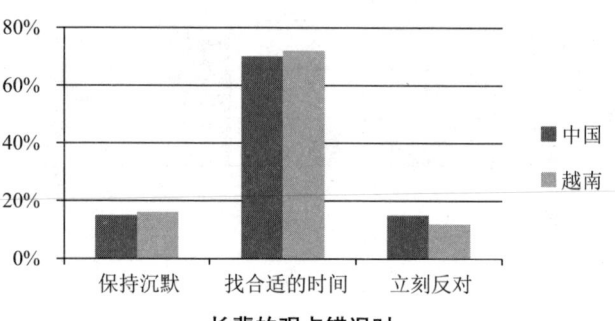

长辈的观点错误时

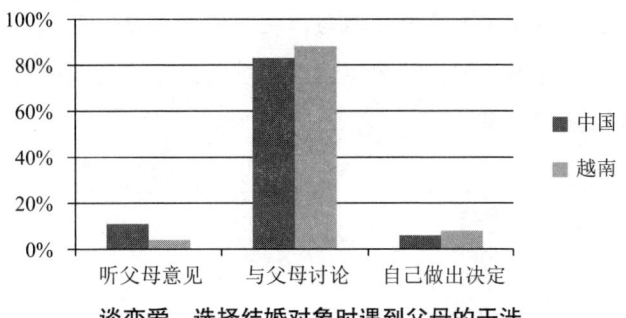

谈恋爱、选择结婚对象时遇到父母的干涉

与父母发生冲突，中国青年13%会顺着父母的意见，而越南青年在这里只有4%会顺着父母。要做出人生重要的选择的时候，越南青年有16%自己做出决定，而中国青年只有11%。谈恋爱、选择对象的时候，选择顺着父母意见的中国青年占11%，越南只有4%。从这方面看来，中国青年跟越南青年相比稍微更顺从父母的意见一些。但是在大多数情况下，两国青年的解决方式还是大同小异。同时，这一点说明两国的大多数青年人都不选择盲目顺从父母的意见，他们倾向于和父母商量，讨论找到共同观点，来解决两代的矛盾、冲突。

孟子言："不孝有三，无后为大。"不孝有三点，最大的不孝就是没有尽到作为后代的责任，也就是说结婚生子是孝顺的最重要的行为。现在两国青年人对这一点的看法已经有很大的改变。

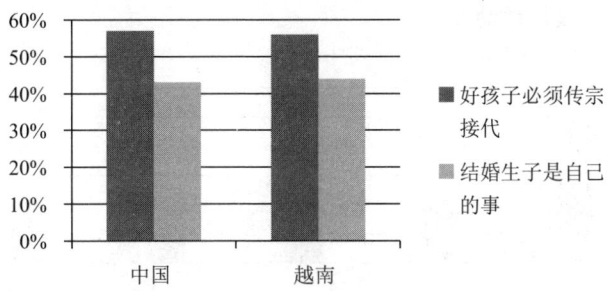

认为结婚生子是个人的事情，不代表是否孝顺的中国青年有43%，越南青年有44%。

传统"孝"的内涵包括"赡养父母为孝"。赡养照顾父母，从物质方面要给父母全面的赡养和满足，吃穿住行到生老病死子女要周到地照顾父母。并且父母的心理与精神方面子女更要关照与满足。赡养父母、老人是儿女的职责和义务。因此，第9道题提问：你同不同意"赡养父母、老人是儿女的职责和义务"这一说法？如下图所示：

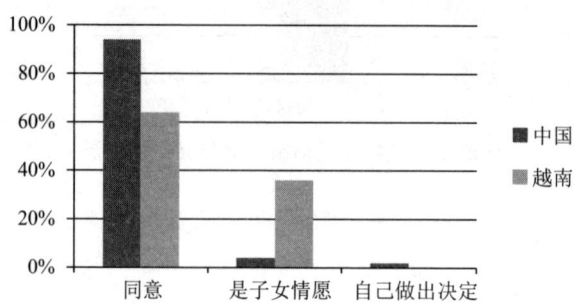

中国青年有94%的人数同意赡养父母、老人是儿女的职责和义务，而越南青年同意这说法的人数只有64%。越南青年有36%的人数认为赡养父母、老人不是子女的职责或义务，赡养父母、老人是子女情愿的，它来源于父母与子女的感情。从这看来，在赡养父母的问题下，越南青年渐渐地有了改变，而中国青年倾向于传统想法。

第10道题：你认为以下哪些"孝"的行为符合现代社会的观念？这是多选方式，主要目的是了解两国青年人在当代社会中怎么来表现自己对父母的孝心。选的最多两个答案是：了解父母与赡养父母。两国青年人都认为这是当代社会表示"孝"最合适的方法。

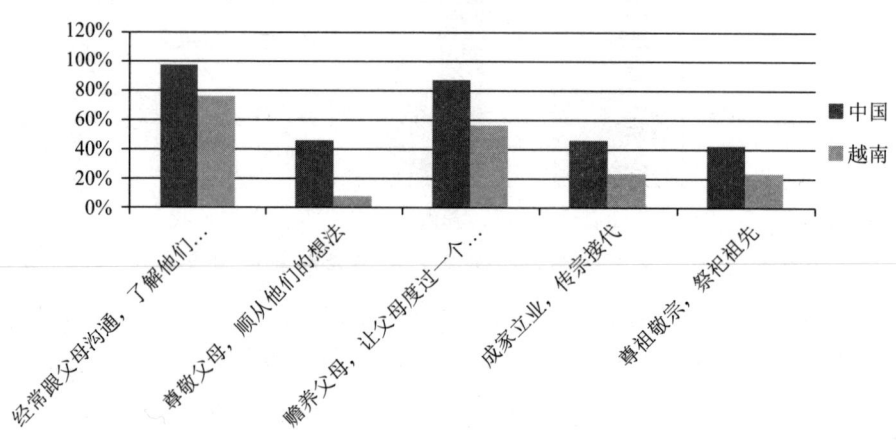

总而言之，两国青年人对"孝"的理解看法大同小异。他们认为孝顺父母是应该更加了解父母，在发生冲突的时候需要跟父母商量讨论找到最合适的方法。

习作 2

"求变"的美国人
——《美国"搬家人口"一年五千万》分析

这篇文章主要内容关于美国人搬家的习惯。在美国每年约有 17% 的人搬家，约合 5000 万人口。其中 60% 的人在州内搬，40% 迁往其他州。虽然中国的人口流动很大，但跨城市举家搬迁的比率远远低于美国。作者同时也采取日本的福岛核辐射发生后的事情来说明美国与亚洲人的不同，加上美国人的"哪里有面包，哪里就是祖国"的想法，美国人为了工作，亚裔美国人为了孩子的教育也会搬到另外一个地方去。此新闻也提出美国人换工作比较频繁，跨州跳槽是常事。从这些方面可以看出来美国人的求变心态，他们喜欢独辟蹊径，热衷于冒险探索。

在我看来，美国与一些亚洲一些国家相比是一个相反的取向。中国、韩国越南等国，就像文章中所说的："东方人有落叶归根、乡土难离的恋家情结"。一般没有搬家的习惯，属于"求稳"的国家。拿越南来说，越南人不会像美国人那样轻易搬家，除非人生发生重大的改变比如结婚，或者居住的房子在国家计划搬迁的地盘上人们才会搬走。一个人一生搬家最多不超三次（除了特殊情况）。

美国人一般比较外向，他们善于跟陌生人交流，大多数属于工具型的人际关系取向。而这种关系是非感情化的关系，显得理智而直率，因而表现出短暂、不牢固、不稳定、没有束缚的特点。新闻所说美国人一辈子数次离婚的情况并不鲜见，每次离婚和再婚都得搬家。加上美国人搬家的方便性，"他们搬家没有任何限制，甚至不需要和警察局打一下招呼"。"由于人车不离，当地政府都是根据车辆流入流出的登记信息，来掌握车主迁移动态的"。因此美国人更容易搬来搬去。而亚洲国家，比如中国、越南，我们的人际关系取向属于情感型与混合型，要考虑到自己所在地方的，所要搬去地方的"人脉"，我们能否在新地方建立起很好的人际关系，同时也要保持以前的关系，等等，所以搬家是一个难题。

总而言之，通过这篇文章，可以明确地看出来美国人的求变取向，同时也了解了他们的那种价值观念："无物不变"，而且变化永不停止。

习作3

中国和哥斯达黎加隐私观比较

隐私是一种普遍现象，只是在表现形式和程度上有所不同。有的文化通过物理环境调节或保护隐私，有的文化依靠心理机制调节或保护隐私。隐私可以包括大至群体利益的保护，也可小到个人的私事和隐情。可以说，隐私是我们每一个人都有的权利，每个人都有不愿意他人干涉与侵入和知道的个人信息或私事。我把隐私观理解为小到个人大到一个民族，对个人信息和私事存在不一样的看法。

一个人的隐私观跟文化背景有着密切的关系。小孩子成长的环境、接受的教育和周围人的想法会影响到他对隐私观的认识。众所周知，东方与西方文化有很大差别，在对待隐私这个领域也不例外。

随着全球化和科技的发展，人与人之间的时间、空间距离被拉近了，把巨大的地球变成人类的一个小小的"地球村"。人们已随时看到国际媒体的新闻，不要说重播，连别的国家在做直播都可以看到；可以方便地出国旅游、出国留学；上网搜索资料更是便捷。所有这些便利满足了我们对外界的好奇心，发现其他民族的想法、处事方式、行为等等与我们本民族不同。然而在相处的过程可能会无意冒犯到他人的隐私。

中国人的隐私存在于群体之间，以社会和谐稳定为目标。因为家族主义是中国社会的根，所以人们询问对方的生活、工作情况、家庭环境等表明一种关心。通过课程学习我也了解到，现在在中国，有关婚姻的一切、个人生理缺陷、钱财等，与个人有关的，重要的或不好的事情也都是隐私。

哥斯达黎加位于拉丁美洲，文化受美国的影响较大，所以人们的隐私主要是关于个人的信息，与个人有关的一切，几乎都属于隐私。

下面我根据自己的个人经历和体会来分析以下这个问题。

下表是我来到中国以后经常被问到的事情。刚开始的时候我感觉侵犯了我的隐私，觉得不太舒服也不太自在。因为在哥国这些问题属于敏感的问题，一般是关系熟了以后才会慢慢地提问，若陌生人问这些问题的话，会被看做是没有教养的人。

我经常被问到的事情

（√不属于隐私范围，× 属于隐私范围）

内容	中国	哥斯达黎加
名字	√	√
年龄	√	×
职业	√	√
婚姻状况	√	×
财产（房、车）	√	×
有没有孩子	√	×
收入	√	×

在哥斯达黎加，两个刚刚认识的人，一般会谈兴趣爱好，目前是读书还是工作，在哪一个学校或公司，周末喜欢做些什么，会谈谈电影、音乐、宠物等等。如果你注意看，会发现几乎都是一些跟个人信息没有什么关系的话题。然后相处了一段时间以后，如果彼此都到了信任对方的程度，才会不介意对方提我们社会认为属于隐私的问题。不仅如此，涉及隐私问题还有一个过程。根据刚才的例子，到了信任对方的程度，那就可以问年龄、婚姻状况、家庭状

况等，不过到此为止，收入和财产是绝对不该问的，很容易引起对方的反感和戒备心。除非是他自己主动跟你讲，你可以在这个话题上停留一下。收入跟资产，一般的情况下都只会跟父母、配偶和最要好的朋友说。如果你希望继续跟这个新朋友保持友谊，最好不要问他的收入有多少，更不要问有多少财产。

在工作方面一般在企业决定招聘你时，办手续的时候，其中一部分是签工作合同，其内容有一个特定的条款：禁止向其他同事询问他的薪水状况。我记得我刚踏入职场时，是被一家银行录取了。第一天上班，要签工作合同时，我就看到刚才提到的那一条款，然后在单位工作了好几年，我们同事之间也相处了几年，可是大家都不会直接问对方的工资状况，会间接性地或用开玩笑的方式去试探和猜测对方的薪水可能有多少。

我觉得美国人比哥斯达黎加人对待隐私会更谨慎，所以拉丁美洲的人会觉得美国人很冷漠，因为他们的隐私范围非常广，而哥国人跟其相比显得相对较小。后来因为在中国待的时间比较长了，才明白一些中国人在第一面时问很多在我看来是私人问题的原因。正如前文提到的，中国人的隐私存在于群体之间，以社会和谐稳定为目标。有时人们会询问对方一些私人问题等表明一种社会关心。明白了这一点，就没有那么介意了。

上完了这个学期的跨文化交际课，我觉得收获最大的是，课上的内容解决了之前让我疑惑的一些问题，主要是文化上的疑问。例如中国人的处事方式和想法跟我们国家的差距，我能很明显地感受到，之前给自己的理由是可能就是这样吧。不过通过这门课学到很多关于中国文化及跨文化交际知识，而且老师是用专业的调查以及有根有据的材料把知识传授给学生们，因此我觉得我更深一层地了解到中国博大的文化。

习作4

中墨师生关系比较

在我们的生活中，我们有一些榜样，比如历史人物、明星、我们的兄妹朋友等，但最重要的还是我们的父母和老师。这两者是给我们留下最深刻的印象、对我们个人成长影响最大的人。老师们一天的大部分时间都和我们在一起，他们不仅把专业知识传授给我们，他们还倾听和照顾我们，教我们如何在课堂上学习、在社会上成长。老师是我们的指导者。这就是教师在我们生活中如此重要的原因。老师培养学生成长，用中国的俗语来表示就是"青出于蓝而胜于蓝"。

社会是人际关系组成的，这些关系规定了社会角色，每一个人都需要承担某种社会角色。社会角色就是某一个特定社会群体对某一个特定社会身份的行为的期望。人们的社会交往在不同程度上取决于人们的角色关系。

1. 教师在中国社会中的角色

中国社会重视传统的价值观，其中孝顺是最重要的美德之一。根据儒家观点，孝顺是孩子对父母和祖先的忠诚和尊重。因为父母生了孩子，照顾了孩子，所以孩子应该听从他们，尊重他们，支持他们，用一辈子回报父母的爱护。这个概念甚至在"孝"字表示出来，老在上，子在下，是指儿子赡养老人（父母）。这个字分明代表在等级制度中年长的地位高于年少，这意味着两方之间的关系是互相支持，但也是一种负担。

儒家哲学对中国的教育的影响非常大。在中国，家庭以外儒家的孝顺价值观也适用于领导、老师、学校前辈等。这点可以从成语中看出："一日为师，终身为父"，是指学生对老师的尊重等于孩子对父母的尊重。尊重等级秩序与孝顺这两个儒家思想观念，对于界定老师在中国社会中的角色相当重要。

从另一个角度来看，老师的任务是教导学生。在甲骨文"教"字的右边是一只手拿着一根棍子，而左边是子（小孩）因受到体罚留上疤痕的符号。通过汉字我们可以了解中国古代的教育有多严格。至今为止，虽然体罚已经被废除了，中国的教育仍然十分严格。

2. 教师在墨西哥社会中的角色

历史上，墨西哥经历过几次根本性的变化，从而教师的角色也相应地发生了变化。西班牙殖民时代之前，教师被认为是值得尊敬的智者。因为老师了解真理，他的任务就是教导别人醒悟，他还应该给那些来找他的指导的人给予安慰。西班牙殖民时代之后，老师的任务是用绘画、舞蹈、音乐和经书讲授把阿兹特克人民转变为基督教信徒。当时只有西班牙人才可以当老师。墨西哥获得独立之后，老师的任务是促进科学性的视界，注意教导非宗教的道德，灌输爱国思想和民族认同。

在20世代政府开始强调教育在农村的重要性，于是设立了农村学校。这时众多教师被派到全国的任何偏僻小村给农民提供教育。不幸的是老师理性知识有时候不符合农民的传统教规，甚至被认为是在反宗教。后来，老师慢慢地开始受欢迎。如今，教师在社会中的重要性已为社会所认识。近几十年老师在墨西哥持续不断地发生变化，有时候受到支持，有时候却受到谴责。但事实上，墨西哥的教师仍然面临许多障碍，其中一些是专业培训的缺乏、工资比较低、工作条件不良等等。

3. 中墨师生关系的不同

英国基金会 Varkey GEMS 进行了一项国际项目研究以比较在21个国家之间老师的社会地位。根据调查结果，在中国对老师尊敬程度最高。原因是中国的文化强调教育的重要性。中国大多数被调查者认为学生尊重老师，相反在大多数欧洲国家，只有少数人认为学生尊重老师。在中国教师的地位等于医生的地位，但在英国和美国，老师的地位一般被认为等于护士和社会工作者的地位。

这可能会让我们认为中国的教师由于在社会中的地位很高，学生一旦离开教室就无法跟他们打交道。然而，实际情况是，中国学生课内外都可以跟老师打交道。老师课后也会认真解答学生的各种问题，关心学生；同时，中国老师也越来越开放包容，愿意与学生分享自己的个人经历。

与中国比较，在墨西哥老师的情况正好是相反的。66%的墨西哥老师认为在他们国家对老师的尊敬程度较低。其实教师们为自己的职业感到自豪，可是由于教学工具的缺乏与社会对其工作的不尊重而感到失望。这些因素导致教师和学生之间的距离加大。此外，老师不愿意课堂外与学生打交道，因为对学生的关注不仅不会受到感谢，而且可能会给老师带来不便。

无可置疑中墨师生关系相当不同。但无论来自哪个国家，师生双方最好要了解一下对方国家的教育状况以避免误会。最重要的是，要学会彼此宽容。

第七章 互联网辅助过程写作教学法及应用实例

一、互联网辅助过程写作教学法

1. 过程写作教学法

过程写作教学法认为写作是一个过程。具体来说,写作的侧重点由传统的篇章结构、语法、词汇,转向了对写作内容及写作过程的关注。写的过程是意义的构建过程,而意义的最终构建并非一次完成,是在写的过程中不断地修正、重组直至成熟的过程。它是一种发现意义并创造意义的循环式过程。

在写作过程中,给予学生充足的写作时间,重视学生在构思、收集写作素材、写初稿、修改等各个环节的具体学习行为,强调在整个写作过程中教师引导、组织和帮助学生拓展思路、完善作文。过程写作教学法通过自主查阅学习、小组讨论的合作学习、教师引导等方式及时解决学生写作过程中遇到的问题,同时重视同伴、教师的反馈评价,强调运用各方的反馈对初稿进行反复修改。

过程写作法主要受到交际法思想的影响,同时也有建构主义影响的成分。过程法在写前阶段的查找资料和同伴及师生讨论,是建构主义学习观的表现,强调交际在写作教学中的作用;过程法强调对作文进行多次修改,将写作看作一种循环式的心理认知过程、思维创作过程和社会交互过程;过程法中的同伴讨论和同伴评改，强调学习者在学习过程中的主导地位，重视学习者相互间的交流。

过程写作法的优点在于：首先，学生成为教学的中心人物。在一篇作文的写作中，从资料的收集到最后完稿，学生始终主动参与其中，教师在这个过程中主要起到协助和监控的作用。其次，写作不是一次性完成的任务。学生可以根据同伴和教师的建议，对自己的文章进行多次修改，这个修改的过程也是语言知识、交流能力、写作能力提高的过程。最后，过程法强调的读者意识和交际性意味着教学场景更具有真实性，这种真实性会带给学生更大的提高空间。

过程写作教学法在具体的实践过程中存在一些不足之处，例如所花费的教学时间较多，较难适应应试写作，对教师教学技能要求高，忽视语言基本功等。教师应该在教学中给予重视并采取适当的措施加以改善。

2. 网络辅助下的汉语过程写作法

写作是一个复杂的、非线性的、循环式的认知过程，而多媒体网络技术所提供的正是一个非线性的语言学习环境。建构主义认为有意义的学习是以经历情境的形式为标志的，强调创设有利于学生对所学内容深入理解的情境。而互联网、文字、图片、音频、视频等正好满足了语言学习对"语境"或"情境"的要求。多媒体网络技术将学习内容以文本、图形、影像、声音等更形象、生动的方式呈现出来，能极大地调动学生写作的积极性和创造性。

网络辅助下的汉语过程法写作模式是将过程法的教学理念和网络技术结合起来，充分利用现有的网络资源，发挥其交流便捷，信息量大，突破时间、空间的限制等优势，提供写作互动的平台，实现师生之间、学生之间的资源共享。在这种写作教学模式里，教师在学生写作过程中起到"脚手架"的作用，利用网络技术，在更广阔的时间和空间里给学生写作实践以有效的支持，使学生得到个性化的帮助。除了在课堂上加强写作知识和技能训练外，教学的重点还放在课后写作过程的辅导和手段上。利用课堂内外的交互活动，增强学生在写作过程中的自主性，使学生成为写作教学过程中的组织者和参与者，让学生明白写作不是一次性完成的任务，而是师生合作协商，不断地讨论、修改的过程，从而使语言知识、交流能力、写作能力得到提高。

二、实施步骤

有学者将过程写作分为输入、写初稿、同伴改、二稿、教师评改、师生交流和定稿七个阶段，也有学者将过程写作分为预写、列提纲、评改、编辑、定稿五个阶段。这五个或七个阶段不是简单的线性排列，而是一个交互、循环往复的过程。杨俐在《外国人汉语过程写作》一书中以"过程教学法"为重点，较完整地体现了过程写作的本质，可以大致了解过程写作的三个阶段，即准备阶段、起草阶段和修改阶段。可以看出，不同学者对写作的整体过程做出了不同的划分，但总体都包括构思、编写和修改这几个步骤。因此，教师在实际操作中应根据自己的教学需要而有所调整。

根据对过程法的理解及汉语写作教学实际，将网络辅助汉语过程写作分为写前准备、初稿写作、修改编辑、评价反馈和定稿五个阶段。

1. 写前准备阶段

在写前准备阶段，学生需要做好开始写前的准备活动。主要是了解、筛选写作主题，收集写作材料，通过个人构思、集体讨论的方法进行文章的构思，写出提纲。具体方法如下：

（1）确定主题，利用网络搜集写作材料

丰富的写作素材是写作能否顺利进行的一个重要因素。仅仅在课堂上给学生提供一些写作材料是不够的。学生对写作主题产生了兴趣，要充分、深入地理解某个主题，就需要自己课后查找资料来补充，提高自主学习能力。如今电脑、手机只要联网就可以获得丰富的信息，文字、图片、音频、视频等等不一而足。教师可以利用网络多媒体资源为学生提供丰富多样的写作素材，同时引导学生自主利用网络查找、收集、整理相关的文字、图片、音频、视频等资料，为写作做好素材储备，还可以根据超文本阅读实现写作积累。互联网上有海量信息，学生很容易无所适从，教师应根据写作要求，指导学生学会筛选和鉴别有用信息。而且通过大量阅读，学生对资料的鉴别筛选能力也会得到提高。

（2）建立班级微信群、班级公共邮箱

随着4G、5G技术的普及，各种平板电脑、手机等移动通信设备，可以随时无线上网,可以说是大众新媒介的代表。充分利用手机和网络社交平台,建立班级微信群等社交平台。班级微信交流群可以加强教师与学生之间、学生与学生之间的联系,在这个平台上,教师可以把整理好的写作资源推送给学生,可以呈现需要阅读的范文和修改作文的过程,还可以展示学生的作品。学生可以就自己感兴趣的或不理解的问题跟教师、同学交流分享。学生注意力可以更多地集中于信息交流本身,不必束缚在语法、书写等方面。建立班级公共邮箱的目的也是为了方便教师和学生上传相关写作资料。

(3)建立写作小组交流群,利用微信、腾讯会议等平台进行在线讨论

写作的学习像其他语言获得行为一样,是社会性的而非孤立的。写作不是一种单向的行为,而是学生与语言之间、教师与学生之间、学生相互之间的交互行为。建立写作小组交流群,可以利用微信、腾讯会议等平台进行在线讨论,可采取一对一、一对多,或多对多的形式。利用平台功能整合教学资源,丰富教学手段,实现教学优化。小组交流可以减轻面对老师和同学进行语言交际活动时产生的焦虑心理。因为对大部分学生来说,在小范围内发表自己的见解比在大庭广众之下要轻松得多,从而表现出更大的积极性。经过互相讨论和交流,学生们得到了更多新知识、新灵感,开拓了写作思路,为初稿写作打好基础。写作小组微信群也是为以后的学生互评搭建交流平台。

2. 初稿写作阶段

首先是范文的阅读借鉴。即使是在过程教学法的课堂里,范文仍然是写作课堂活动的重要组成部分之一。如果没有范文,学生一开始就自己独立写作,往往天马行空,想到哪里就写到哪里,思路不够清晰。而进行范文学习后,学生在教师的帮助下找到自己需要借鉴的内容,加上前期列出的提纲,经过相互讨论之后,文章的整体思路变得清晰,就可以开始动笔了。在写作过程中,学生可以把脑海里的所有想法都写出来,而不用担心出现错误,防止打断思路,影响作文的流畅性。

汉语写作突出的困难是汉字的问题。计算机的文字处理功能对辅助提高学生的写作起到一定的作用,为写作过程中大量的更正、改写等提供了便利。而插入功能还可以插入相关的图片,使文章图文并茂。在写作过程中,学生会遇

到不熟悉的字词和表达方式，可以在网上的汉语词典中搜索查找，系统瞬间就搜出有关字词，还有和这个词相关的成语、俗语、例句。利用网上词典辅助写作，写作起来更加方便。

3. 修改编辑阶段

学生在写作过程中，会遇到字、词、句、语法、内容等各方面的问题。有些疑难问题个人难以解决，网上答疑就成为一种很重要的手段。学生在整个写作过程中通过微信等平台与老师和同学进行交流、合作和协商，突出了网络辅助教学不受时间、地点限制的优势。师生可以灵活选择某一时间段进行辅导和沟通。教师收到学生的问题后，属于个案问题的，把答疑结果发到学生的个人邮箱、微信。如果是共性的问题，则在微信群或腾讯会议等平台反馈。这种答疑针对性强，适应学生个别化学习的需要。在得到了教师的指导、听取了同学和老师的评价之后，学生开始对自己的作文进行修改，然后把修改后的作文再次展示给教师和同学看，得到指点、评价后再修改，是一个循环往复的过程。而且计算机文字处理器的批注功能可以让学生清楚地看到每一稿的修改过程，文字处理功能也使作文修改过程变得简单易行，省去了抄写过程。

4. 评价反馈阶段

在传统的写作教学模式中，教师一般只关心学生的写作结果，即写了什么内容，有多少错误，可以得多少分。而基于互联网的过程法写作教学则把学生写作的过程作为教师关注的重点。这个过程指学生是怎么写的，是怎么一步步修改文章的。因此，在整个写作过程中，评价和反馈起着非常重要的作用。

教师一般都有个人电子邮箱、微信，通过微信或个人电子邮箱收到学生的作文后，分别给予学生个别评价。学生还可以把自己的文章发到班级微信群或公共邮箱，同学之间可以互评。这样，结合老师和同学的反馈意见，学生可以不断地修改自己的文章。

教师还可以通过班级微信群将学生的写作材料、初稿、二稿以至更多展示给其他人。由于网络交流受时间、空间的限制相对较小，在整个交流过程中师生间、学生间的交流可以一直存在。学生个人通过这种交流可以得到更多的指导和帮助。在写作完成之后，还可以继续在相关平台上进行进一步交流和反馈，使文章更加完善。

5. 定稿阶段

经过评价、反馈、修改，再评价、再反馈、再修改等多次循环往复的过程之后，作文可以定稿了。教师可以借助网络多媒体手段为学生的作品提供展示的平台。在多媒体教室都配有投影仪，可以无线上网。在写作课堂上，学生可以将作品制作成 PPT 演示文稿，在全班进行演示。也可以通过腾讯会议的共享屏幕进行 PPT 演示。Skehan 的研究表明，如果事先告诉学生，在写作完成后，要向同学进行作品展示的话，学生会更加注意自己的语言表达形式，而不仅仅是内容。在课后，学生将自己的作文发送到班级微信群，如果有个人公众号，也可以挑选优秀的作文发到个人公众号或朋友圈，使学生感受到一种在网上发表文章的成就感。教师、学生以及其他人都可以通过聊天、留言的方式发表意见，再次对作文进行评价反馈。留言的人多，说明作文人气指数高，可以满足学生自我表现的欲望，进而产生一种成就感，而这种成就感反过来又促使学生更加用心地写好作文。

三、应用实例

1. 写前准备阶段

（1）明确写作主题，建立微信群等写作小组交流群，网络搜集写作材料

同学们通过头脑风暴或自由思考的方法，讨论出他们感兴趣的写作内容。学生学习了中级汉语综合课教材《桥梁》、《发展汉语》中的课文《地球的主人》《国宝大熊猫》等，对"动物介绍与保护"这个主题产生了兴趣。

将学生分小组，2~3 人一组，谈谈自己最喜欢、讨厌、害怕或濒临灭绝、已经灭绝的动物。利用网络，分小组查找相关资料并在班级微信群共享。如环境污染造成动物死亡的相关文章、世界珍稀动物名录等。

（2）进行文章构思

确定好"动物介绍与保护"这个主题后，进行文章构思。教师提出相关的写作要求，并给同学们一定的时间思考和讨论。引导学生以小组合作的方式进

行思考和讨论，并列出与主题有关的想法。引导学生对这些主题进行有目的的选择，启发学生思路，使他们更清楚应该从哪些角度入手进行写作。例如动物包括哪些？有家养动物（宠物）、养殖动物、实验动物、娱乐动物（马戏团、动物园的动物）、野生动物等。注意与动物主题相关的语言表达形式，如：毛、爪子、蹄子、角、尾巴、鳞片、公、母、圆、尖、扁、细、凶猛、温驯、冬眠、迁徙……

（3）列提纲

整理出最终要进入文章的内容和观点，可以是词组或者小句子，并且主体部分要有一定的顺序。提纲通常能够显示文章的框架以及表明文中的主要观点，简明扼要地列出作文的提纲可以使文章条理更加清晰。提纲如下：

①这种动物长什么样？

②你喜欢它或讨厌它或它濒临灭绝的原因是什么？

③这种动物主要有哪些生活习性？（如：主要生活在什么地方、主要的食物、活动规律，等等）

④这种动物生存现状怎么样？

⑤如何保护这种动物？

之后，教师组织学生以小组为单位轮流概述自己的作文内容供大家商讨，同学们彼此交流，提出相应的意见。

2. 初稿写作阶段

（1）范文阅读借鉴

大熊猫

大熊猫是人见人爱的动物。

它们的脸儿圆圆的，很像猫。由于每天吃竹子，它们脸上的肌肉得到了锻炼，显得特别丰满。熊猫的眼睛虽然小，但是由于周围有两个黑色的毛圈儿，近看，好像戴上了一副墨镜；远远看去，又像是一对圆圆的大眼睛。它们的瞳孔和猫长得差不多，白天的时候眼神不太好，夜里倒能看清东西。它们的耳朵又圆又大，就像戴在头上的两朵牡丹花。

熊猫长大后，身长一般在160~180厘米之间，大概有80~125公斤重。大熊猫的身子长得胖极了，毛茸茸的，就像穿着松软舒适的保暖大衣。熊猫的四肢是黑色的，全身只有黑白两种颜色，对比十分鲜明。

看上去熊猫有点儿笨，其实它们全身的关节十分灵活，能像杂技演员一样做各种动作，甚至可以掉转头，伸着脑袋，用嘴去咬自己的尾巴。高兴的时候，它们还能不停地翻跟头。他们的四肢又粗又壮，走路时脚尖往里边撇，脚心总是用力着地，慢慢行走，一副悠然自得的样子。

大熊猫是野生动物，有着非同一般的生活习惯。

它们长期生活在深山、竹林里，喜欢隐居的生活，因而有人把熊猫称为"竹林隐士"。它们的性格有点儿孤僻，喜欢在自己家周围逛，不肯长距离搬家。天黑了，逛到哪儿，就在哪儿休息。吃饭不分早晚，睡觉不挑地方，只求吃得饱，睡得香，玩得高兴。不过，熊猫长到五六岁的时候，就会打破自己的生活习惯。一到春天，为了爱的自由，它们就会走出家门，到处寻找自己的"心上人"，然后恋爱结婚。婚后又各自回家，过着平静的生活。

熊猫不怕寒冷和潮湿的环境，从来不冬眠。哪怕气温降到零下摄氏4~14度之间，它们也仍然在铺满白雪的竹林中散步，就像生活在白色的帐篷里似的。

熊猫喜欢喝水，常常选在泉水、小溪附近安家，即便到了寒冷的冬天，仍旧要到小溪或泉边去喝水。熊猫还善于爬树，也爱玩耍。爬树的行为一般发生在求婚之前的一段时间，爬树还是躲开危险的一种方式。

一般情况下，熊猫的脾气十分温和、顺从。初次见人，不是用前爪挡住脸，就是把头低下，埋在两只前爪中间，好像害羞得不敢见人。这样，它们又有了"熊猫小姐"的称呼。

大熊猫还是快要灭绝的动物。

70万年以前，大熊猫就已经生活在地球上了，它们的生命能够延续到今天，说明它们具有顽强的生命力。但是，它们现在面临着生存危机。一方面，熊猫所吃东西的种类和繁殖能力太特殊，造成生存和发展能力差。另一方面，它们的生活环境受到破坏，住的地方被道路分开很远。既然熊猫只能生活在一定范围内,它们只得近亲繁殖,造成物种退化。大熊猫更是被人们加倍疼爱和保护的动物。

《野生动物保护法》把大熊猫列为一类保护动物。从1963年以来,中国先后建立了14个大熊猫"自然保护区",总面积达6000平方公里,对大熊猫集中生活的地区进行有效的保护。目前,大熊猫的保护工作已经有了很大进步。大熊猫数量下降的趋势已经基本得到控制,有的保护区大熊猫的数量还略有增加。希望大熊猫像所有动物那样,永远快乐、幸福地生活下去。

——(改写自武惠华编著《发展汉语(中级汉语)下》,北京语言大学出版社,2005年)

(2)将范文发送到微信群中,同学们提前阅读并思考以下问题:
①文章是从哪几个方面介绍大熊猫的?
②熊猫的样子?
③熊猫有哪些生活习性?
④主要生活在什么地方,主要的食物、活动规律是什么?
⑤熊猫的生存现状怎样?

在阅读范文的过程中,请同学们注意文章描写动物的语言形式特点,了解重叠的形容词在意义和用法上的特点、关联词语的运用,等等。例如:

熊猫的脸<u>圆圆</u>的;它的身体<u>胖乎乎</u>的,特别可爱。

<u>哪怕</u>气温降到零下摄氏4~14度之间,熊猫<u>也</u>仍然在铺满白雪的竹林中散步。<u>即便</u>到了寒冷的冬天,<u>仍旧</u>要到小溪或泉边去喝水。

(3)将搜集到的关于动物的资料、制作的PPT发至微信群,资源共享

学生根据自己要进行介绍的动物搜集资料,制作PPT,发送至班级写作微信群。有的同学搜集到关于保护北极熊的公益广告视频和保护北极熊的宣传语:"不要使冰川继续融化,因为那融化的不只是冰川,还有地球与人类的眼泪。别让人类成为最孤单的生命,保护动物就是保护人类自己。"有的同学介绍科摩多巨蜥、长江鲟、鲸鲨等,制作精美的PPT,在写作微信群中分享。

通过多媒体展示图片、视频等,多种视觉和听觉的刺激可以帮助学生展开

观察、生发感悟，刺激学生的情感和想象，唤起写作动机。

（4）完成初稿

每位同学选择一种动物进行介绍，如科摩多巨蜥、北极熊、仓鼠、大耳狐等，完成初稿。

3. 修改编辑阶段

学生在整个写作过程中通过微信等平台与老师和同学进行交流，根据老师和同伴的建议及自己的新想法修改草稿。以《北极熊》这篇作文的修改过程为例，学生将PPT及作文原文发至教师微信，教师修改，然后将修改过的作文发至班级习作微信群中，同学们可以查看并讨论。

北极熊

我第一次了解北极熊，是在韩国的电视节目《北极的眼泪》上，一身雪白的妈妈北极熊保护着自己的娃娃熊，画面是那么的温馨。看着可爱的它们，我的心里很暖乎乎。（ABB形式前面不能加"非常""很"等副词）。

通过节目我了解到，北极熊又叫白熊，它们生活在北极附近的海岸、岛屿地带，北极熊喜欢独居，一般从3月份到5月份为了找到食儿（食物。"食儿"太口语化）辗转奔波在浮冰区，过着生活水陆两栖的（过着水陆两栖的生活）。严冬的时候，北极熊的外出变少了，几乎可以长时间不吃东西，它们会寻找一个避风的地方冬眠。但是，它们极其灵敏，一旦遇到紧急情况立即惊醒，应付危险。

北极熊善于游泳和潜水。它们的食儿（食物）是海豹、鱼、鸟等等。它们的嗅觉也很灵敏，游泳也很棒。北极熊原来是快快乐乐的（地）生活在白色的世界（里的）。

可是现在，由于捕猎、环境的污染和全球变暖，冰川融化越来越快，它们没有了休息（栖息）的地方，北极熊的家园被破坏，严重影响了它们的生存。因此它们面临着绝种的危机。为了保护它们，国家颁布了法律，除了生存的需要，禁止捕猎北极熊。很多北极附近的国家，也签订了保护北极熊的国际公约。为了对（给）北极熊提供更好的未来，我们应该一起提倡保护北极熊，把原来美丽的家园还给它们，让北极熊快乐的（地）生活。

在《北极熊》这篇作文中，"看着可爱的北极熊，我的心里很暖乎乎的"这一句中，ABB形式前不能加"很""非常"等副词，"暖乎乎的"也可改为"心里暖暖的"。"北极熊为了找到食儿，辗转奔波在浮冰区"这一句中，"食儿"改为"食物"，"食儿"太口语化。提醒学生注意介词"对、给、为"等的用法以及"的、地、得"的区别等。

4. 评价反馈阶段

同伴交换初稿，互相讨论：

（1）看了他（她）写的文章，你了解北极熊了吗？

（2）同伴介绍动物的顺序和你一样吗？如果有更好的想法，可以提出修改建议。

（3）除了他（她）介绍的，关于北极熊你还想了解什么？

（4）有没有用错的词语？

（5）有没有写错的汉字？

（6）标点符号用对了吗？有没有把所有的标点符号都写成"．"的现象？

根据修改意见，学生对作文再次修改。

5. 定稿阶段

作文经过评价、反馈、修改、再评价、再反馈、再修改等多次循环往复的过程之后，最终定稿。学生将自己的作文发送到班级微信群或个人公众号或朋友圈，教师、学生以及其他人都可以通过聊天、留言的方式发表意见，对作文进行评价反馈。

四、练习

1. 修改下面作文中画线部分的词语和句子。

鲸鲨

我选择的动物是鲸鲨。以前我看过了<u>对鲸鲨的幽默</u>。那时我哈哈大笑,以后我记住了这个动物。

鲸鲨是须<u>鲨</u>目的一种,是最大的<u>鲨</u>,而不是鲸。<u>不仅是鲨鱼类</u>,<u>而是世界上最大的鱼类</u>。一般鲸鲨的体长是 10~12 米左右,最大的体长达 20 米。鲸鲨的体重是 10~20 吨左右。身体粗、长。脑袋大、<u>扁平一点儿</u>。嘴比河马<u>非常大</u>。<u>无论</u>它的身体很大,<u>眼睛、喷水孔都很小</u>。鲸鲨有两个背鳍,还有一个尖溜溜的尾鳍。<u>背面的颜色是灰色、蓝色或褐色</u>。肚子白白的,表面有许多白色的斑点和垂直横纹。

鲸鲨生活在暖温性大洋海区的中上层,主要分布在热带和温带海区,在中国南海、台湾海峡、东海、黄海南部比较常见。鲸鲨主要吃浮游生物、鱿鱼似的软体动物、甲壳类和小鱼。<u>鲸鲨吸着它们和水一起</u>,<u>然后从腮来排出水</u>。因为鲸鲨过滤后再喝,<u>哪怕它不能吃的鱼也被吞噬</u>。虽然鲸鲨有巨大的身躯,不过不会对人类造成什么伤害。鲸鲨的个性是相当温顺的,也会与潜水人员嬉戏。

目前鲸鲨被世界自然保护联盟认为是濒危物种。为了取得鲸鲨的肉、鳍还有肝油,有人把鲸鲨作为猎杀目标。因为这样的捕猎和不高的繁殖率,所以它们越来越少。

2. 分析以下两份提纲是从哪几个方面介绍动物的?各有什么优点和问题?

提纲 1

鹰

(1)为什么选择"鹰"?我喜欢鹰,因为我喜欢鹰在天空翱翔的感觉——

自由；我喜欢它给人的一种霸气，天空是它的地盘；我更喜欢它给人的一种精神，不管遇到什么困难，看到鹰的眼睛就知道是坚毅。

（2）鹰科动物的种类：鹰科动物的种类很多，有的叫鹰，有的叫雕，等等，是以吃小动物为主的大鸟。最常见的有苍鹰、雀鹰和赤腹鹰三种。

（3）苍鹰、雀鹰、赤腹鹰的样子和生活习性。

（4）生存现状。

（5）鹰的精神：鹰的一生要经过很多磨炼，当一只幼鹰出生后，就要经受母鹰近似残酷的训练。在母鹰的帮助下，幼鹰需要成百上千次的训练，才能展翅飞翔。鹰千百次的训练只为在天空翱翔，这告诉我们其实人有的时候也是，遇到困难时不要放弃，否则将永远与蓝天无缘。

提纲2

猪

（1）身体肥壮，200~250公斤左右，四肢又短又粗，黑、白、粉等颜色。

（2）杂食动物，每天睡了吃，吃了睡。人们以为猪又脏又臭，其实是一种很聪明的动物，而且爱干净。

（3）肥嘟嘟的，看起来就想捏，很可爱！善良、温顺，是幸福的象征；它比我胖，看到它我心理得到了安慰。

（4）很多人喜欢吃猪肉，我也喜欢吃。

3.想一想你要介绍的一种你（喜欢、害怕、讨厌……）或一种濒临灭绝的或已经灭绝了的动物，列出你自己的提纲：

（1）这种动物的样子？

（2）你喜欢、害怕或者它濒临灭绝的原因是什么？

（3）这种动物主要有哪些生活习性？

（4）这种动物的生存现状怎么样？

4. 写初稿，完成作文。

五、学生习作

习作 1

科摩多巨蜥

科摩多巨蜥也叫科摩多龙，是世界上最大的一种蜥蜴。

它们长得和一般的蜥蜴倒没有什么不同，就是尺寸非常大。成年的科摩多龙平均身长是 2 至 3 公尺，大概 70 公斤重。最大的样本是 3.13 公尺长，166 公斤重，包括未消化的食物。

科摩多龙有着长长的尾巴，和它们的身长一样，又粗又壮的大尾巴末端的尾鞭能扫倒敌人，而且它们的脚上有尖锐的爪子帮助它们撕裂猎物的肉，身上粗厚的硬皮能防止被蛇咬伤。口里边有约 60 颗锯齿，2.5 厘米长的牙齿以及黄黄的分叉的舌头。科摩多龙的耳朵只能听到 400 至 2000 赫兹的声音，白天的时候它们的眼睛虽然能望到 300 米远，但是到夜里它们的眼神很差。

科摩多龙在野生环境生活。它们喜欢炎热和干燥的地方，在热带森林过着孤独的生活。它们是肉食性动物，会静悄悄地靠近猎物，然后突袭它们。而且它们也会以时速 20 公里的速度奔跑追赶猎物。科摩多龙的食物种类包括野猪，山羊，鹿，还有水牛。

科摩多龙使用它们的前肢和爪子挖 1 至 3 米的洞做为它们的住房。由于在这些洞穴中睡觉，无论天气多么冷它们都能保持自己的体温。科摩多龙在下午的时候捕猎，但一旦天气太热它们就找个有清凉海风的山脊休息。

它们平时在 5 至 8 月期间交配，9 月才产卵。雌性会为了安全，在地底或者树穴里边产卵，一个窝大概有 20 颗卵。孵卵期为 7 个月。刚出生的小科摩多龙一般没有办法保护自己，所以年幼的科摩多龙为了安全在树上生活。

根据国际自然保护联盟濒危物种，科摩多龙是一个濒危的物种。它们 90 万年前已经生存在地球上了，火山活动，地震，火灾等等使它们的栖息地受到破坏。现在位于印度尼西亚的四个岛屿生活着科摩多龙。据估计，现存6000头科摩多龙在印尼的小巽他群岛，于林卡岛有1300头，科摩多岛有1700头，莫堂岛有100头，弗洛雷斯岛有2000头左右。由于现在只有约350头雌性，因此在1980年为了保护它们，印尼的政府建立了科摩多国家公园。

习作2

骆驼

这个暑假，我去内蒙古旅行了，在那儿第一次看到了骆驼。我不知道在韩国有没有骆驼，我想肯定没有吧，因为韩国没有沙漠。

没想到骆驼这么大、这么高！它的身高一般在3米左右，肩膀的高度在180~200厘米之间，尾巴长50多厘米。它的毛一般是棕色的，背部有一至两个驼峰，里面的东西不是水而是脂肪，这样一来，哪怕它几天不吃东西，也可以生存。骆驼一般吃树枝和树叶，有刺儿也没问题。

骆驼一般生活在沙漠和草原，独特的脚趾让它在沙上也容易行走。骆驼性格有点儿孤僻，有时候对人吐唾沫，有时候用脚踢。但我在内蒙古骑过一匹骆驼，它不是那样，真的很温驯。摸它、骑它、拍照片等等，不管对它做什么，它静静地一动也不动，只用大大的眼睛看着我。那时我看着它的眼睛，觉得是一辈子最难忘的情景。它的眼睛里有天、海、云、星等，世界上最漂亮的东西都在里面。

我不知道什么时候能再看到骆驼，但是那匹骆驼的眼睛，永远清晰地留在我的记忆中。

习作3

仓鼠

仓鼠是我特别喜欢的动物之一。因为它的嘴巴像仓库一样储存食物，到安全的地方再吐出来，因而得到这个名称。

我喜欢它最大的理由是它长得非常可爱。小小的体型，圆圆的、毛茸茸的。尤其它圆嘟嘟的眼珠别提多可爱了！我养过一次仓鼠，它占的空间不大，食物、器材都比其它动物用得少，所以养起来比较容易。

仓鼠是夜行性动物。白天睡觉，晚上才开始活动。通常在晚上7—10点最活跃。这是因为它原来住在沙漠地带的洞中，白天为避开野兽的攻击躺在洞里睡觉。躲在黑暗的地方是它的本能，周围黑暗它才感到安全。

仓鼠是不大挑食的动物。但以草食为主，爱吃各种植物的种子，特别爱吃葵花子，还有喝白开水。

仓鼠是与人很亲密的动物，对人的警惕性不高。它的繁殖力很强，大概不会面临灭绝的危险。可是它的寿命大概只有3年，这真是件痛苦的事儿！

以后有机会的话，我真想再饲养一次这么可爱的宠物。也希望仓鼠不会灭绝，幸福永久地生活下去。

习作4

大耳狐

大耳狐是一种珍稀动物，而且是非常亲近人类的动物。最有名的大耳狐出现在作家圣埃克苏佩里的《小王子》中。不过对韩国的孩子们来说，最有名的大耳狐来自于韩国的一部动画片儿《Pororo》，小企鹅Pororo的朋友大耳狐"艾迪"。

大耳狐长大后，体长一般在36~41厘米之间，尾巴的长短在18~31厘米之间，全身的毛黄澄澄的，只有尾巴梢儿是黑色。大耳狐使人印象最深刻的是耳朵，长达11~15厘米。不过，它的体重只有约1.5公斤重，长得瘦小干巴。因此，人们看大耳狐的时候，它的耳朵格外醒目！

大耳狐的耳朵为什么这么大呢？因为大耳狐主要在撒哈拉沙漠、西奈半岛、沙特阿拉伯的北部沙漠地区生长繁衍。为了调节体温，它们需要用大耳朵散热。此外，大耳朵也会影响它们的性格。由于听力敏锐，它们非常警觉，哪怕是主人给他们喂食，它们仍然会对主人保持警惕。

大耳狐是杂食性动物，它们喜欢吃鼠类、小鸟、昆虫、蜥蜴等等。虽然是杂食性动物，但是它们的饮食习惯很难把握。有一些常见的食物对它们来说却有毒性，比如鸡肉、牛肉、猪肉、橘子、柿子、葡萄等等。大耳狐不但口味很奇怪，而且生活习性也很独特。它们是夜间活动的动物，习惯在沙地上挖洞，在地洞里边集体生活。这两种行为都是为了抵御沙漠的炎热。大耳狐的妊娠期大概在50天左右，一次能产2到5只幼崽。假如食物丰富，它们甚至一年内可以生两次！

尽管大耳狐是野生动物，现在有的人却把他们当作宠物来养。如果人们在韩国想要拥有一只大耳狐，需要花350万至1000万韩币。为了得到大耳狐的皮毛，有些不法分子偷猎它们，所以现在大耳狐也成了快要灭绝的动物。因此，请大家一定不要买用它们的毛皮制造的东西。"没有买卖，就没有杀害！"

第八章　过程体裁写作教学法及应用实例

一、过程体裁写作教学法

1. 结果法、过程法和体裁法

结果法教学模式为"教师命题—学生写作—教师批改"。强调语言知识和模仿，重视学生的遣词造句能力，加强句子组合和语法练习，减弱母语对于汉语写作能力的影响，课堂活动操作简单，学生容易入门。但是它对写作技巧重视不够，忽略文体知识的学习和训练。比如本科留学生刚开始时根本不了解如何写毕业论文，所写的论文不符合标准，文体混杂，语体不符，结构安排不当，字词、语法方面有不少错误等。这些不仅仅是语言问题，而是没有掌握写作技巧。

过程法的侧重点由传统的篇章结构、语法、词汇，转向了对写作内容及写作过程的关注，把写作看作是一个可以一步步操作的过程，突出对学生写作过程的引导。过程法注重写作技巧，认为写作过程中写前准备和写后的评改过程对提高学习者的写作能力十分重要。缺点是花费时间较多，而且各类文章的写作都采取同一种过程，忽略了文章的体裁类别。语言知识的输入也不够。

体裁法强调不同的社会语境要求文章具有与之相适应的语篇结构，帮助学习者确立符合写作目的的写作形式，了解该体裁的写作知识及技巧。体裁法的倡导者认为不同的体裁是用来实现不同的交际目的。体裁教学法适合高级水平的汉语学习者，因为高级水平学习者已经具备了能够写出完整语篇和阅读人文性文章的能力，体裁教学法可以帮助高级水平学生了解不同体裁写作特点，从而提高建构不同体裁篇章结构的能力。体裁教学法的优点正在于看重体裁写作技巧，赋予学生明确的体裁意识。教师介绍和分析例文，给学生提供切实可供参考或模仿的蓝本。但体裁教学法也存在一定的局限，体裁的规约性可能会导致教学活动具有"规定主义"色彩，学生写作出现千篇一律现象，忽视创造性的语言操练活动。况且体裁的种类十分繁杂，课堂教学难以穷尽学生将来生活中可能遇到的所有体裁。

2. 过程体裁法

过程体裁法是一种提倡折中的认知—行为观的教学法，有效地结合了结果法、过程法和体裁法的一些优点。英国学者 Badger 和 White 在详细分析对比结果法、过程法和体裁法三种教学法利弊之后，提出了一种综合写作教学模式——过程体裁法（process genre approach）。他们认为，写作应包括体现在结果法中的语言知识、体现在体裁法中的语境知识、写作目的和体现在过程法中的写作技巧等要素。语言知识、语境知识和写作目的可以为作者提供尽可能多的输入，从而使写作者有话可说，不至于无从下手；写作技巧的训练使写作者知道怎么说，不至于使所掌握的素材成为一盘散沙。因此，写作既是语言输入的过程，也是学生按一定技巧建构体裁、内化知识的过程。

过程体裁教学法强调过程法中写作的整个过程，尤其是写前计划和写后修改，关注学生认知发展和语言习得过程，重视写作过程的交互性。在写作的合作过程中，学生积极参与，教师适时监控，在轻松、自由、支持性的写作氛围中开展某一种体裁的写作活动。同时它又注重体裁学习，以语篇的体裁分析为基础，围绕语篇的图式结构开展教学活动，语篇不仅是一种语言建构，而且是一种社会的意义建构。

在写前阶段，教师需要把语篇结构与语言形式相结合进行语篇教学，指导学习者分析不同体裁文章的层次结构、交际目的及语篇结构，对语言风格进行分析，培养学生的体裁意识。侧重于各种体裁的文章的模仿和写作，便于学生今后接触并熟悉各类文体。引导学生将所获得的有关此类体裁的语篇结构和语言特点方面的知识转化到原有的知识结构中，自觉应用于实践。在评改阶段，要求学生主动自觉地对照语篇体裁的要求进行评改。例如本科四年级的留学生由于有写作毕业论文的任务，他们很需要针对议论文体裁的写作系统学习。从议论文三要素（论点、论据和论证）学起，学习怎样拟题、如何立论、如何使用论据、如何进行数据统计与分析等，进行一般性议论文、读书报告、调查报告等的写作训练，最后进入学术论文的写作学习中。

3. 过程体裁法写作过程

过程体裁法写作过程包括6个阶段：1）确立交际情境；2）明确写作目的；3）考虑话语使用；4）构思；5）打草稿；6）修改定稿。这6个阶段分别涉及教师（第1、2、6阶段）、学生（第1、4阶段）的参与。整个过程既包含了体裁教学法的侧重点：语境知识、写作目的和语言知识，又包含了过程教学法的侧重点：写作技巧和写作策略。归纳起来看，过程体裁教学法包括4个阶段：一是范文分析，不仅分析文章语言层面的特点，也介绍文章在体裁、结构方面的特点；二是学生模仿写作或集体写作；三是学生独立写作；四是集体修改编辑，包括个人修改、小组互改和教师批改。

二、实施步骤

结合上述过程体裁法写作过程，过程写作教学法包括范文分析、模仿写作或集体仿写、独立写作、修改编辑四个教学环节。笔者根据对过程体裁法的理解，总结出过程体裁法在汉语写作教学中的四阶段训练步骤。

1. 写前信息输入阶段

（1）进行范文阅读分析和写作素材收集

写作受特定社会情境制约，成熟的体裁往往具有特定的结构和语言特点，并为所有使用者共同认可并遵循。教师可以选择特定体裁的典型范文，向学生讲解这种体裁相关的社会语境、交际目的，让学生充分了解这种体裁的情境语境，包括话语范围、话语基调和话语方式，在此基础上分析、总结这种体裁的结构、语言特点，使学生对这种体裁的形式和内容有全面的了解，为下面的写作阶段以及以后类似体裁文章的写作打下坚实的基础。

学生对文章结构和语言特点有了一定的理解后，可以提供更多的相同体裁的范文引导学生进行类似的分析，使学生做到内化这种体裁结构和语言特点知识。教师选好的范文，需要学生的参与，多方合作收集写作素材。比如，可以布置学生事先就写作的主题通过图书馆、网络等各种途径查找相关材料，之后与大家共同分享，培养学生自行阅读、独立思考、解决问题的能力与合作意识。

（2）进行与写作主题相关的讨论

要让学生就某一写作主题获得尽可能多的素材，只有范文输入显然是不够的，还得有教师和学生的语言输入。分析完范文后，在教师指导下针对写作题目进行分组讨论是一个很好的策略。首先，它可以刺激学生的想象力，触发他们记忆中的词汇和意象，为下面的写作提供必要的素材。其次，小组活动可以减轻学生参加语言交际活动时产生的焦虑心理，因为对大部分学生来说，在小范围内发表自己的见解要比在大庭广众之下要轻松得多，从而表现出更大的积极性。教师可以要求学生课前对即将讨论的话题进行独立思考，为小组讨论做好准备；之后是小组对话或讨论出一些看法或结论；最后是小组代表参与全班的讨论。这样既给课堂增添了活力，也为学生写作提供了很好的素材、观点等。罗青松在谈到教材中的"交互性"原则时说：写作是一项个体性活动，但写作教学则是在一个群体性的课堂环境中进行的。营造一个师生之间、学生之间合作互动的教学氛围，是写作训练与课堂教学组织协调的关键。

2. 写作信息输出阶段

（1）模仿写作

教师有针对性地设计题目，训练某一特定体裁的语篇结构和语言特点，确保学生以后写作同一体裁文章能做到得心应手，发挥自如。注意集体仿写时的交流和讨论，充分调动每个学生的积极性，使师生交流贯穿于全程。

（2）独立写作

学生根据给定的题目和有关这一体裁的知识进行实际的操作，包括审题、编写提纲、打草稿、成文等写作过程。

3. 修改编辑阶段

分为学生自评、小组互改和教师批改。学生通过自评、互改，会在不断地修改中形成新的写作思路，发现并纠正自己的错误。同时要强化教师的监控职能，教师针对范文体裁的特点，制定出一套包括文章内容、结构以及句子和词语的选择、连贯性等多种评估手段在内的评议细则，以供学生在课上或课后进行评估。如：文章是否紧扣主题；文章整体结构是否完整、层次分明、前后有逻辑性；写作主题是否明确；语言表达是否通顺、流畅；有没有标点、汉字、语法错误等。

4. 写后反思阶段

教师把学生作文中具有普遍性的问题在课堂上统一评讲，让学生减少或避免以后犯同样错误的机会。例如可以建立写作档案袋，让学生明确评价的目的、方式、内容等，以便顺利参与评价，增强学生参与写作过程的动力，使教师和学生了解在写作中的进展和存在的困难，重视学生动态的进步，对学生的写作进行全面、多元和持续的评价。每位学生都准备一个电子文件夹，将所写的初稿、修改后的定稿以及教师评价等有关的材料放入其中，使学生对自己的写作能力的发展有一个比较全面的了解。同时，也为教师以后的写作教学提供借鉴。

三、应用实例

1. 求职信写作

（1）写前信息输入阶段

1）进行求职信范文收集和分析

求职信也叫自荐信、应聘书等。是求职者向用人单位介绍自己的能力和特长等情况的一种文体，属于日常应用文写作。据调查，大部分公司及单位的人事经理是很重视求职信的。求职信能否吸引招聘者，直接关系到求职的成功与否。为了准备求职信写作，教师首先让每个同学上网找一封中国人写的求职信，不管找什么工作的都可以。同学们共找来17封中国人写的求职信。然后教师给同学们介绍国外著名体裁专家 Vijay Bhatia 提出的求职信七要素：①介绍本人；②建立信任；③提供激励；④附上材料；⑤巧妙促动；⑥恳请回应；⑦礼貌结束。

教师和同学们根据以上七要素对 17 封中国人所写的求职信进行分析，总结出以下几点：①一定要说明自己的求职意向，不能一上来就说自己的教育背景、工作经历。②要建立个人资历和职位之间的紧密练习。③要提供充分的材料证实自己的能力，多做客观说明，不要做过多主观评价。④现代社会重视员工的合作，重视团队精神，因此要说明自己的情商指标、性格特征，写的信要充满热情，不能懒洋洋的。⑤语言和格式，这是最基本的要求。要符合中文求职信的语言特点和格式，有重点地进行表述，语言简洁、礼貌，注意特定的用词和表达。如："贵公司、贵校、在校期间、随信附上简历一份"等等。

提供求职信例文，让学生认真阅读，总结求职信的写作结构：求职信写作包括三个部分，即开头、主体、结尾。具体写作框架结构为：称谓、开头（自我介绍、说明写作意图）；主体（求职的原因、个人优势等）；结尾（重申主题、盼回复等）。

求职信例文：

求职信

尊敬的先生/女士：

  您好！

  我是一名刚刚从北京某大学计算机学院毕业的大学本科生，我的专业是网络工程。我从网上获悉，贵公司业务发展迅速，决定开设分公司，准备招聘员工。我对贵公司提供的岗位十分感兴趣并认为自己能胜任这份工作。

  计算机已经走进我们的工作和生活中，网络也是经济发展的动力。作为一名网络工程专业的大学生，我热爱我的专业并投入了巨大的热情和精力。在校期间，我学习了高等数学、计算机组成原理、数据库系统、网络编程技术、网络管理等课程，精通各种网页设计与软件制作。通过对这些知识的学习，我对这一领域的相关知识有了一定程度的理解和掌握。我多次获得专业单科考试第一名，还曾获第二届大学生科学技术创作竞赛一等奖。

  我不但具有扎实的理论基础，而且具有一定的实际操作能力和经验。在校期间，我利用课余时间广泛参加各项社会实践活动。我曾在学院计算机实验室工作两年，不但提高了我的专业技能，而且锻炼了我的管理和组织才能。还曾在一些企业、工厂打工，从事过网络维护工作，积累了丰富的实践经验，对工作充满热情，具有团队合作精神。

  随信附上我的简历及相关资料，期待您的回复。

此致

敬礼！

求职人 ×××
××××年×月×日

2）模拟现场面试

  教师先给同学们讲解一些中国的大公司、机关单位的情况，在黑板上写下这些大公司、机构的名称，然后提问：招聘者一般会问什么问题？求职者一般会问什么问题？写出其中会用到的词语如：学历、学位、成绩、语言能力、本科、硕士、博士、MBA、工作经验、工作环境、工作安排、工资、加班、加薪、休假、福利、个性、开朗、诚实等。提出诸如以下的问题：你所学专业是什么？你会说哪种外语？你有什么工作经验？公司在什么地方？经常需要出差吗？公司有什么福利？等等。

  将全班同学分为两大组，一组是求职者，另一组是招聘者。招聘者排成一排，代表不同的单位，求职者可以一家家单位去应聘。要求在模拟面试的过程中一定要使用前面列出的相关词语。通过与"求职"主题相关的小组讨论和对话，给学生求职信的写作提供素材和观点，而且使语言表达的准确性有了一定的保证。

  （2）写作信息输出阶段

  写前信息准备阶段中求职信范文收集、分析以及模拟现场面试，使学生对求职信的文章结构和语言特点有了一定的了解，集体仿写的环节可以略过，直接进行独立写作。要求每个学生：1）选定一个目标单位；2）确定一个具体的工作岗位；3）信中突出自己的才能；4）最后完成求职信。

（3）修改编辑阶段

在写作小组评改中，不少学生倾向于互相修改语病，而忽视了作文的结构。由教师制定出求职信的评改细则，供学生在课上或课后进行参考：求职信的格式是否正确、文章的结构是否具有完整性、是否注意了汉语书面语的运用、是否运用了汉语书信的特定表达、汉字书写是否正确、用词是否准确、是否突出了与具体工作岗位相关的才能等。

（4）写后反思阶段

学生独立写作完成了求职信初稿后，写一份自我评价表。评价标准参考教师制定的评改细则。根据自我评价的结果，学生对求职信初稿进行修改，完成第二稿时，进行小组评改。小组评改后，完成定稿，交给教师，由教师评价后，把学生作文中具有普遍性的问题在课堂上统一讲评。学生把求职信初稿、修改后的定稿、小组评改以及教师评价等有关的材料放入写作档案袋中。

2. 汉语言专业留学生毕业论文写作——以调查报告类论文写作为例

毕业论文写作对于留学生来说不仅是难点，更是一项重要的学习环节。对于教师来说，指导毕业论文很重要，而如何有效地让留学生在写作之前就相对系统地了解毕业论文的相关知识和写作过程，并顺利地展开写作任务更加重要。

过程体裁法帮助学生理解或撰写属于某一体裁的语篇，注重对体裁和写作知识的教学，关注学生的写作过程，重视文体语言的特点和模仿教学，通过写作指导、练习、具体写作等环节引导学生开展写作活动。

（1）写前信息输入阶段

1）体裁知识介绍

毕业论文写作属于学术写作的范畴，又称学位论文，属于议论文中学术论文的一种，但又比一般议论文更具有专门性、学术性。毕业论文写作本身是一种相对复杂且难度较高的高级应用写作类型。本科留学生进行毕业论文写作，是在导师指导下，运用所学的汉语知识、专业知识，分析和解决某一学科的某一问题,是考查学生基本掌握汉语论文写作的语体和方法的一次总结性作业。

毕业论文具有议论文所共有的一般特征:即构成要素是论点、论据、论证三部分。毕业论文强调在事实的基础上,展示严谨的逻辑推理过程,得出令人信服的结论。要运用书面语写作,表达准确流畅。

在指导留学生毕业论文写作前,首先需要学生了解议论文的写作技巧。引导学生讨论以下问题:什么是议论文?为什么要写议论文?一篇好的议论文应该包含几个部分?在讨论过程中,学生会有意识地思考议论文的写作目的及这一体裁特定的篇章结构特征,在之后的写作过程中会更有效地组织语言与论证。同时,在学生分享讨论结果时,教师给予反馈,引导学生深化对议论文体裁的理解,总结出议论文的篇章结构:"提出论点—论证论点—得出结论。"

2)提供调查报告类论文例文

留学生汉语言专业本科毕业论文有专题研究、案例分析、调查报告等不同类型。有关语言应用研究、汉语教学研究、文化活动等方面的论文,常利用各种调查手段收集材料,获得数据,并进行分析,得出结论。在这个过程中,学生需要了解调查报告的写作内容和结构框架,掌握问卷调查的方法和问卷的形式,能独立设计调查问卷。了解数据的意义和获取数据的方法,掌握数据分析的基本要求和写作格式。

在完成对于调查报告类论文这一体裁的初步介绍后,教师提供3~4篇从知网上下载的正式发表的调查报告类期刊论文作为例文,通过微信发给学生。选择的论文应结合汉语言专业不同研究方向,结构完整,写作规范,同时在内容上又适合留学生阅读。要求学生提前浏览、了解此类论文的框架和内容。

可以在课堂上运用PPT讲解分析论文,让学生了解调查报告的特点,然后学生就有关调查报告写作的问题分小组讨论,师生在共同讨论的基础上,总结出调查报告类论文写作框架结构、语言特征和写作规范。

调查报告例文

在京留学生学习生活情况调查研究

一、引言

教育部发布的《2014 世界来华留学生数据统计》显示，2014 年共有来自 203 个国家和地区的 377 054 名各类外国留学人员来中国进行各类形式的学习和研究，其中北京地区有 74 342 人。《2015 世界来华留学生数据统计》显示，共有来自 202 个国家和地区的 397 635 名各类外国留学人员在华学习，其中北京地区有 73 779 人。以上数据表明，面对日益增长的在京留学生的数量，他们的生活、学习及与中国社会多方面的互动，是我们无法忽视的一个重要问题。本研究就在此基础上，调查了北京语言大学、清华大学、北京电影学院、中国农业大学、中国地质大学、北京信息科技大学、对外经济贸易大学、北京外国语大学八所院校的留学生，这些院校的选取考虑了地区分散性、专业差异性、校园特色性等角度，共发放调查问卷 200 份，回收 147 份，实际有效 118 份。本次调研的留学生共来自 37 个国家，包括哈萨克斯坦、韩国、吉尔吉斯斯坦、俄罗斯、西班牙、利比里亚、智利、哥斯达黎加、法国、希腊、缅甸、尼泊尔、马里、越南、格林纳达、马拉维、萨摩亚、佛得角、东帝汶、巴布亚新几内亚、塔吉克斯坦、乌兹别克斯坦、也门、塞尔维亚、蒙古国、乌干达、朝鲜、巴西、博茨瓦纳、英国、秘鲁、巴基斯坦、泰国、古巴、美国、乍得、加拿大。其中 62 名女性、56 名男性，年龄在 20~43 岁之间。本调研基本涵盖了亚洲、非洲、欧洲及美洲的留学生，可以较为全面、真实地反映留学生在京的生活及学习情况。

二、学习篇

留学生来到中国后，最重要的就是要学好汉语或者学好他们的专业课，本研究首先调查了留学生的学习动机及学习汉语的原因。数据表明有 71% 的留学生觉得他们现有的汉语课比较有意思，只有 8% 觉得无聊，这表明目前的汉语课授课水准能保持学生的学习热情。有 91% 的数据表明留学生是喜欢汉语的，他们对汉语积极的态度，有利于他们更好更快地掌握汉语。当我们调查留学生来中国学汉语的原因时发现,为了更好地找工作、想在中国工作或从事跟中国有关的工作已经成为留学生学习汉语的最主要原因,而对汉语的兴趣和想了解中国文化的愿望,已经不是成为留学生学习汉语的最主要原因了。之所以出现这样的情况,原因可能有以下几点:

一是西方国家或者国外的就业形势严峻。笔者在跟一个意大利同学交流时,她表示意大利的就业情况非常紧张,不像在中国找工作那么容易。

二是目前中国经济发展迅速,中国的经济崛起使很多西方国家认识到,在中国留学或者工作可能会有更好的发展前景。

三是近年来海外孔子学院的建立及大量志愿者外派,对于全球"汉语热"的现象更是起到助推作用,使更多的外国留学生来中国学习和工作,甚至是定居在中国,也有一部分留学生的妻子或者丈夫是中国人。

因此,针对这个新的趋势,各大高校应该引起重视并且采取一定的措施,有针对性地将职业规划工作和就业引导工作覆盖到留学生群体。文雯(2013)指出了规范在京留学生实践教育培养环节,加强对留学生校外实习工作的引导和管理,并根据留学生的需要提供相关资源。同时,完善职业规划和就业工作体系,及时向留学生推送就业讲座、招聘等相关信息,尤其是比较关注的外企、外语培训、国际组织等单位的信息。韩维春(2014)则指出政府应健全相关法律法规,完善就业环境:(1)加强制度建设;(2)加强法律宣传。

表1 留学生汉语学习情况概要

你的汉语课有意思吗?	很有意思	有意思	一般	无聊	很无聊
	35%	36%	21%	6%	2%
你喜欢汉语吗?	很喜欢	喜欢	一般	不喜欢	很不喜欢
	42%	49%	8%	1%	0%
为什么学习汉语?	1.为了更好地找工作;2.想在中国工作或从事跟中国有关的工作;3.汉语很有意思,很喜欢;4.对汉语感兴趣,想了解中国的文化语言;5.想跟中国人交流,喜欢中国;6.计划在中国生活、想在中国上大学、为了更好地学习大学的专业(预科)、得了奖学金、公司要求、汉语很有特点、汉字很漂亮、中国经济发展快、喜欢学习语言、老公是中国人(频率:高→低)				

在此基础上，本研究又对留学生的汉语课堂及课后学习情况进行了调研，发现有62%的同学每周有12~24节汉语课，因此留学生每天大概会有2~4节汉语课，这表明他们的课业压力较大。但是根据调查，他们每天用来完成作业和复习的时间，43%的学生是2小时以下，25%的学生是2~4小时。两项数据对比看，我们认为留学生在课后投入的时间和精力相对不够。而对学习焦虑情况的调查表明，留学生对学习感到焦虑和非常焦虑的两项数据的总和是30%，一般的是41%，不焦虑或轻松的在29%。从调查反馈给我们的信息显示，30%的焦虑比例应该引起任课教师和学校管理人员的重视。在我们的访谈中，被调研者表示，其焦虑主要来自以下几个方面：一是语言适应。陈慧（2006）指出，语言适应是指初到一个新的国家，在口语交流和阅读方面产生的问题。由于留学生到中国的时间有限，语言不通或不熟练，在学习上产生语言适应问题是很自然的事情，也是留学生产生的最初的、主要的适应问题，但是这个适应会随着语言程度的提高而较快、较容易地得到解决。二是社会支持适应。社会支持适应是指在家庭和亲友以外，来自群体、社区及社会各界对旅居者在生活与学习、精神与心理上的支持和帮助。留学生来到中国学习，他们原有的社会支持即不复存在，新的社会支持系统尚未建立起来，在一个完全陌生的环境中快速建立良好的社会支持系统不是件容易的事，因此留学生在旅居地普遍会感到缺乏社会支持，即会造成心理的焦虑。三是汉语确实很难学习，尤其是语调、语法、汉字。虽然大多数被调研者都表示很喜欢汉语，觉得汉语有意思，但都表示汉语非常难学习，跟他们的母语差距太大。

表2 留学生学习课时与学习压力情况

	很大	大	一般	不大	很轻松
学习压力大吗？	16%	21%	32%	25%	6%
每周多少节汉语课？（50分钟/节）	4~10节	6~12节	8~14节	10~16节	12~24节
	20%	5%	8%	5%	62%
每天用多长时间写作业？（小时）	2以下	2~4	3~6	4~8	5~10
	43%	25%	17%	12%	3%

续表

你对学习感到焦虑吗？	非常焦虑	焦虑	一般	不焦虑	很轻松
	12%	18%	41%	23%	6%
如果压力大，你怎么缓解？	1. 休息/睡觉；2. 跟朋友出去玩；3. 听音乐、唱歌、跳舞；4. 更加努力学习；5. 看电视电影；6. 做运动；7. 玩电子游戏三国杀；8. 吃好吃的；9. 喝酒、喝咖啡、购物、旅行、看小说、做饭、散步、跟家人聊天、跟老师聊天、没办法、练习功夫（频率：高→低）				

从我们对留学生自我排解压力的措施中可以看出，他们大多选择各类娱乐行为来缓解内心的焦虑和压力，比如"唱歌跳舞""跟朋友出去玩""睡觉休息""看电视、电影、运动"等。在我们调查的所有留学生里没有一个提出学校对于他们的焦虑、压力、无助能给予什么帮助或者解决方案。随着留学生逐年增多，留学生的心理健康问题也成为我们一个不可忽视的重要方面，因此学校作为留学生的直接管理者，除了提供衣食住行及学习方面的必要支持外，更应重视留学生的心理问题。赵妍（2011）曾提出过以下三条建议：（1）组建留学生心理健康教育工作指导小组；（2）对留学生管理人员和教师进行心理培训，提高其对留学生心理健康问题的敏感度；（3）组织留学生志愿者，并对他们进行专业的心理咨询培训，使他们成为朋辈辅导员，在日常生活和学习中发挥良性的心理干预作用。

三、生活篇

留学生在中国的生活包括衣食住行等各个方面，在本次调研报告中，我们选择了住宿、交友和旅游三方面进行报告，一方面是因为这些与留学生的关系最为密切，另一方面这些也是留学生问题较多的部分，下面分节报告。

（一）关于住宿

从我们的调查中可以看出，大概有70%的学生选择在学校提供的宿舍居住，而有30%的学生选择自己在校外租房子。在北京单独租房子价格较贵，就以学院路为例，学校周边的房租基本不低于3500（元/月，下同），因此大部分的留学生会选择在宿舍住，而选择在外面住宿的同学，主要是考虑私人原因，选择独立自主的生活，尤其是在西方国家，年满18周岁即为成人，基本独立。

还有另一个原因就是学校对留学生的住宿管理比较严格,有时候留学生会觉得涉及他们私生活的隐私问题,因此也会选择自己在外租房。从我们的调研中可知,有一半的同学表示学校提供的宿舍条件不错,22%的留学生认为提供的宿舍条件很差。

对于学校收取的住宿费,有48%的高校是2000以上,30%的处在1500~2000之间,以上两组数据表明约80%的高校,其住宿费在1500以上。而根据我们对住宿费的收费是贵还是便宜的数据中得出,非常贵的占32%,贵的占40%,只有7%的认为不贵或者便宜。由这两组数据的对比,我们就能得出学校的住宿费在2000以上的,对于大部分同学来说是非常高的。

有50%的留学生期望住宿费能在1000~1500之间,有16%的同学表示1500~2000之间也是可以接受的,综合这三项数据,我们认为北京的各大高校的住宿费应该定在1500~2000比较合适,不要超过2500,否则可能会影响留学生对住宿的选择。

表3 留学生住宿情况汇总

住宿	学校宿舍		外面租房子		
	68%		32%		
学校的宿舍条件怎么样?	非常好	好	一般	不好	非常不好
	16%	35%	26%	15%	8%
学校住宿费每个月多少?	500~1000	1000~1500	1500~2000	2000以上	其他
	2%	20%	30%	48%	无
学校的住宿费贵不贵?	非常贵	贵	一般	不贵	很便宜
	32%	40%	21%	5%	2%
你认为住宿费多少合适?	500~1000	1000~1500	1500~2000	2000以上	其他
	29%	50%	16%	5%	无

(二)关于交友

人作为社会群体中的一分子,不可能不与他人交流,因此,当留学生来到中国后,他们的社会交际就成为一个非常重要的方面。从调研中得知,留学生大多都是和本国的或者愿意一起玩的外国人在一起,有81%的留学生表示他们有几个中国朋友，19%的留学生表示除了老师外，基本不认识中国人，而且外国留学生口中的"中国朋友"的概念，跟中国人固有的"朋友"的概念是不一样的，他们眼中的中国朋友只不过是看得顺眼、有过愉快经历的中国人，而当他们有困难、心里烦闷的时候，并不会去找中国朋友（周源，2009）。

在调查留学生是否想跟中国人交朋友或者交流时，39%的数据是非常想，46%的数据是想跟中国人交朋友，但是由于各类原因，他们基本没太多机会跟中国人接触，比如：(1)上课都是中外学生分开上课的；(2)住宿也是中国学生和外国学生有不同的公寓楼，在日常生活上没有太多的交集；(3)文体活动方面，基本上留学生参与的很少，有的是语言的问题，也有其他问题，比如学校就没有呼吁留学生参与的意识等；(4)生活方式差异，这个比较明显的一点就是留学生通常夜生活很丰富，而中国学生晚上都会正常的休息。在调查留学生独自在中国生活学习是否感觉孤独时，39%的留学生表示非常孤独，46%的留学生感到孤独。这两项数据总和是85%，这就表示留学生在中国生活和学习内心是非常孤独的。对于这个问题，如同我们上面谈到的心理问题一样，应该重视起来。对于留学生自己的缓解孤独的办法，从调查中得知，主要是"和朋友出去玩""给本国的父母亲人朋友打电话"和其他的娱乐行为。

针对留学生提出的强烈想要跟中国人交友或者交流的愿望，本研究尝试提出以下几点建议：(1)建立语伴俱乐部。各大高校可以成立语伴俱乐部，每周有固定的时间和地点活动，也可以组织一些文体活动等，以加强中外学生的交流和互动。(2)建立同胞会。可以尝试组建一些外国留学生的类似老乡会或者校友会这样的组织，这有利于新老留学生的认识交流寻求帮助等。(3)建立中外学生联合学生会。笔者认为这是融合中外学生的一个很有利的措施，更可以促进中外文化的交流，也有利于留学生参与校园活动，增加对留学学校的感情，留学生遇到的各种问题也有反馈的渠道，方便学校的管理工作。(4)对于高水平的外国研究生和博士生，尝试中外学生共同上课共同讨论等。对于生活方式的差异，是否考虑中外同学的住宿混住可能要根据学校的管理再议。

表4　留学生交友情况汇总

有中国朋友吗?	有几个		基本没有		
	81%		19%		
想交中国朋友吗?	非常想	想	一般	不想	非常不想
	39%	46%	9%	4%	2%
在中国是否感到孤独?	非常孤独	孤独	一般	不孤独	在中国生活得很开心
	39%	46%	9%	4%	2%
感觉孤独的时候都做什么?	1. 跟朋友聊天、出去玩、吃饭；2. 给家人、朋友（自己国家的）打电话；3. 看电视、看电影、4. 看书、学习；5. 听本国的音乐；6. 购物、玩手机、散步、旅游、唱歌、睡觉、运动、做饭、踢足球、吃本国的饭、休息				

（三）关于旅游

作为留学生，来到中国后，除了学习汉语外，了解中国广阔大地风土人情也是他们选择留学的原因之一。在关于旅游方面的调查中，有68%的留学生表示很喜欢旅游，26%的数据显示是喜欢旅游，那么高达94%的数据显示留学生都是喜欢旅游的。根据我们的调查，留学生游览过的地方也很多，同时也有很多城市或景点是留学生特别想去的。对于外出旅行所遇到的问题，根据调查显示在各大景点人多拥挤是留学生最不喜欢的。在我们调查的项目中，旅游景点的门票价格问题、卫生条件状况、环境保护意识、遇到过骗子，以上各项均有留学生表示不满意，并且还提出了其他问题，如：有些景点交通不便、飞机票太贵、时间短、没有人说英语、工作服务人员少等。这不仅是留学生在旅游过程中面对的问题，也是我们每个中国人面对的问题，只是中国人的相关意识要比留学生们强一些。

表5　留学生旅游情况汇总

你喜欢旅游吗?	很喜欢	喜欢	一般	不喜欢	很不喜欢
	68%	26%	4%	2%	0%
你去过中国的哪些城市或者景点?	哈尔滨、上海、西安、青岛、天津、苏州、桂林、内蒙古、深圳、新疆、香港、三亚、海口、长城、故宫、湖北、广州、长春、大理、昆明、丽江、昭通、资阳、杭州、秦皇岛、福建、香港、平遥、广东、乌镇、北戴河、澳门、河南、沈阳、洛阳、安阳、锦州、张家界、保定、四川、南京、温州				

续表

你特别想去哪里旅游或者玩?	云南、上海、颐和园、西藏、长城、青岛、成都、湖南、海南、四川、西安、上海迪士尼、内蒙古、新疆、青海、苏州、杭州、沈阳、桂林、三亚、台湾、白头山、故宫、天津、香港、长春、泰山				
你去过的旅游景点有什么问题?	人多拥挤	门票贵	卫生差	不爱护环境	遇到过骗子
	40%	18%	23%	8%	11%
其他问题	交通不方便、飞机票贵、说话语速太快、时间短、没有人会英语、服务人员或志愿者太少等				

四、其他问题

在调研的最后,我们询问了留学生常遇见的其他问题还有什么。其中给出的一些答案在我们的前面调研中或多或少都有涉及,例如第16条是因为汉语不好而被中国人看不起。从研究者自身的经历来说,这个应该不是一个普遍存在的问题,但是也是确实存在的,比如有一些中国人利用外国人听不懂汉语这点而对外国人使用粗言秽语的现象,我们认为这是个人素质的问题,同时也是中国人整体素质的问题,面对留学生反映出来的此类现象,我们要给予重视并且努力解决这个问题,比如倡导和谐友好多元的国际文化和国际友谊,等等。面对这些问题,朱旭(2008)提出加强留管干部队伍建设工作。留学生管理干部,是各学校对在校留学生工作的桥梁与纽带,在外国留学生整体工作中发挥着十分重要的作用。为进一步加强留学生管理与服务工作,加强留管干部队伍建设,应从两个方面入手:(1)建立健全全责留学生管理与服务的专门机构。(2)从完善留学生管理干部的用人制度入手,研究制定一套全面、可行的留学人员管理标准。

表6 留学生在京学习生活的其他问题概要

在中国学习生活,你遇到的其他问题	1. 空气污染导致身体或者健康问题;2. 交中国朋友很难、没有机会;3. 还不会说汉语,中国人听不懂不能理解;4. 公交车很慢;5. 担心食品安全问题;6. 人太多;7. 想家;8. 没时间旅行;9. 汉语很难;10. 堵车;11. 不爱护环境;12. 菜很油,有的地方没有卫生间;13. 孤独的问题;14. 汉语的结构、音调很难,对于多国背景的班级,老师有时候很难找到平衡;15. 北京的生活费比较贵;16. 因汉语不好而被中国人看不起;17. 特别是交通秩序问题,车和人都不遵守红绿灯,太危险太可怕

五、总结

本次调研在较大规模的调查、抽样、分析的基础上，考察了在京留学生学习、交友、旅游等多方面的情况，其间也涉及了一些相关的边缘问题。在数据统计分析的基础上，比较全面地了解了在京留学生的现状及存在的问题。在前人调研的基础上，根据本次反映的各类问题，提供了本研究的解决方案和思路：一是希望能帮助在京的留学生更好地适应生活和解决问题，也希望能对学校的管理工作、政府的人才引进工作提供有益的建议。

——（选自《海外华文教育》，2018年第6期，作者：胡丛欢、骆健飞）

3）阅读例文，分组讨论，总结调查报告的特点

调查报告是人们对生活中的某些现象、问题、情况等进行调查后，经过分析研究调查材料而写成的书面报告。用调查报告实例来讲解，有助于学生更好地掌握此类论文写作知识与技巧。

①学生分组讨论，回答教师根据例文所提的问题：

论文（调查报告）共分为几部分？

每部分的写作目的是什么？

主要研究内容是什么？

运用了什么研究方法？

是如何论证的？

语言有什么特点？

写作内容和结构框架是怎样的？

②教师引导学生总结出调查报告的框架和特点

通过以上问题，使学生了解调查报告写作与其他文体写作的差异。调查报告类论文通常要利用所调查的资料，从资料中发现问题，进行分析和讨论。这类论文和其他论文一样，由引言、本论及结论三部分组成。

写作内容。

调查的目的及对象。

调查的内容、方法和时间。

以图表或文字说明得到样本的情况，显示调查结果。

对结果进行分析，提出具有讨论价值的问题，提出自己的看法。

最后写出结论。

论文基本框架如下：

Ⅰ 引言

Ⅱ 本论（调查设计；调查对象与调查手段等；调查结果与分析）

Ⅲ 建议或结论

写作中常用到的语言表达有：

指出调查范围、对象、目的、方式的语句："本文针对……进行问卷调查，希望能对……""本次调查对象为……，其中""调查形式是……""本次调查主要采取问卷调查方式，目的在于……"；引用数据的表达："据统计……""据调查……""据了解……"；引出调查结果的表达："调查显示……""我们在调查中发现……""统计数字表明……""从上表中我们可以看出……""从这次调查中可以得出如下结论……"等等。

教师将调查报告结构特征和语言特征具象化，为学生独立写作提供结构和语言规范。学生在教师引导下通过阅读、思考与讨论的方式，了解了调查报告的结构、内容、语言特点，对于调查报告的写作有了一个总体上的认识。

（2）写作信息输出阶段

1）模仿写作

①设计调查问卷

首先向学生说明调查问卷可分为开放式的问卷和结构化的问卷（封闭型问卷）。开放式问卷只提出问题，不提供答案，由被调查者自由回答。而结构化的问卷不仅要提出问题，还有设计出备选答案，然后由被调查者从中选取一个或几个答案。设计问卷时，也可以将开放式和结构式问卷结合起来，设计混合型问卷。

引导学生思考每个问题的提出及选项的设计。讲解关于设计调查问卷的知识：在调查中应注意被调查者的年龄、文化水平、家庭环境等因素对调查结果的影响，调查选项的设计技巧等知识。确定调查对象范围和数量，实施调查，撰写调查报告，介绍调查情况，分析原因。

例如例文《在京留学生学习生活情况调查研究》，调查了北京地区八所高校 37 个国家的 118 名留学生，从学习、生活、交友、旅游、住宿等多个角度，针对留学生的现状及提出的各类问题，给出解决建议。问卷设计是将开放式和结构式问卷结合起来的混合型问卷。例如："你喜欢汉语吗？"给出"很喜欢、喜欢、一般、不喜欢、很不喜欢"5 个选项；"每周多少节汉语课？"给出"4~10 节、6~12 节、8~14 节、10~16 节、12~24 节"5 个选项，这是典型的结构式问卷。而"为什么学习汉语？""如果压力大怎么缓解？""你去过中国的哪些城市或景点？"等是开放式问题，不提供答案，由被调查者自由回答。

②了解数据的意义和获取数据的方法

数据是调查报告类论文的重要依据，要了解数据的意义和获取数据的方法。数据的使用会使整篇论文材料翔实，观点更有说服力。所运用的数据应该来源可靠。无论是什么样的数据，都是为论文的主要观点服务的，应根据需要使用。

例如《在京留学生学习生活情况调查研究》，在学习方面，首先调查了留学生的学习动机及学习汉语的原因，在此基础上，又对留学生的汉语课堂及课后学习情况进行了调查：

调查数据表明有 71% 的留学生觉得他们现有的汉语课比较有意思，只有 8% 觉得无聊，这表明目前的汉语课授课水准能保持学生的学习热情。有 91% 的数据表明留学生是喜欢汉语的，他们对汉语积极的态度，有利于他们更好更快地掌握汉语。在此基础上，又对留学生的汉语课堂及课后学习情况进行了调研，发现有 62% 的同学每周有 12~24 节汉语课，因此留学生每天大概会有 2~4 节汉语课，这表明他们的课业压力较大。但是根据调查，他们每天用来完成作业和复习的时间，43% 的学生是 2 小时以下，25% 的同学是 2~4 小时。两项数据对比看，调查认为留学生在课后投入的时间和精力相对不够。而对学习焦虑情况的调查表明，留学生对学习感到焦虑和非常焦虑的两项数据的总和是 30%，一般的是 41%，不焦虑或轻松的在 29%。从调查反馈给我们的信息显示，30%的焦虑比例应该引起任课教师和学校管理人员的重视。

调查结果附有表格，一目了然。在调查报告中，图表的运用有着重要的作用。图表是调查数据的重要表现载体，可以直观地展示很多文字不能传达的信息，实现研究结果的可视化。

2）独立写作

要求学生结合专业方向及实际需求，设计一份调查问卷，进行调查并写出报告。

如何确定调查报告选题？鼓励学生通过平时的思考和积累，结合专业方向及实际需求，主动发现问题。题目范围可以是语言的、文化的、中外对比的、教育的、习俗的，等等。最后在教师的帮助下确定题目，如："韩国来华留学生汉语学习动机调查""中韩大学生群体价值取向发展变化情况调查分析""中韩女大学生职业观调查""中高级阶段留学生汉语写作现状调查分析""韩国学生汉语学习APP使用情况调查""蒙古留学生跨文化交际语用失误调查分析""中日大学生对仪表仪态对人际交流影响的看法""中国武术在古巴的传播及影响调查"，等等。

学生根据所选题目进行问卷设计和调查，写出调查报告。一份优秀的调查报告，能充分运用调查材料来说明观点，材料丰富，数据准确，分析全面，结论可靠。具体写作要点包括：

①标题。要概括调查报告所要研究的主要问题。

②引言。对调查对象、调查范围、调查时间等做简单的交代，要简洁明了。

③主体。这部分是全文的主干，具体叙述调查内容，列举数据和事例，进行分析讨论，总结出经验或规律。

④结尾。结论部分，总结全文的主要观点，也可指出存在的问题，提出相关建议。

（3）修改阶段

修改过程不仅涉及对字词句的修改，更重要的是要看文章结构是否完整，是否对相关问题认真进行过数字统计和分析，统计数据表述是否清晰而且结论可靠。

学生根据调查报告写作要点,结合教师制定的调查报告评改细则,对初稿进行修改:

①问卷设计这些问题要了解什么?
②问卷设计是否充分考虑论文要调查研究的问题?
③问卷与报告的结合是否紧密?
④是否只是把统计数据罗列出来,而没有具体的分析?
⑤调查报告的结论部分是否可靠?
⑥是否符合调查报告的语言表达特点?

(4)写后评估反思阶段

学生将修改好的第二稿提交给教师,教师反馈意见。学生进行自我评估和互评,最后教师进行总评,提出评价标准:优秀的调查报告引言、主体、结论三个部分结构完整,问卷与报告结合紧密,对相关问题都做了数据统计和分析,统计数据表述清晰,分析深入细致,结论可靠。中等水平的调查报告结构完整,数据统计清楚,但只是把统计数据罗列出来,没有具体的分析。这类调查报告应加强对数据的分析。而不合格的调查报告结构不完整,对问题调查不全,数据统计表述缺乏条理,没有结论,需要修改甚至重写。

学生对照评价标准,经过三次、四次甚至更多次修改,最后调查报告定稿。把设计好的调查问卷,调查报告初稿、二稿、三稿直至定稿,教师评价等有关的材料放入写作档案袋中。

四、练习

1. 阅读下面的求职信,两人一组讨论:

(1)格式是否正确?
(2)是否说明了求职意图?
(3)是否说明了自己的专长和能力?
(4)介绍的内容对招聘单位是否有吸引力?

（5）是否使用了符合求职信要求的比较正式的语言？

（6）是否有语法错误？标点符号使用是否正确？

求职信

尊敬的先生/女士：

我来自墨西哥，我在北京已经留学四年多。现在就读于××大学汉语言专业。今年毕业。一直以来，我的理想是做一名翻译家还和中国做贸易。在校期间我认真学习了专业知识，还有兼职的经验，辅导英语和西语还在网络做一些翻译工作。我翻译的经历是从英语到西语，反之亦然，和从西语到汉语，反之亦然。我能熟练使用 Excel，PowerPoint 和 Word。

我爱好看书、运动、画画、旅游。我认为我自己是一个非常认真的人，已决定我的目标没有什么能阻止我实现它。除了努力工作之外，我还是一个非常负责任，忠诚，直率，诚实，关心他人的人。我非常享受学习语言和有意思的事情，我认为学习是你永远不会停止的事情。

随信附上我的简历及相关资料，期盼您的回复。

求职人×××

××××年×月×日

2. 分析以下调查问卷的设计是否合理科学。

仪表仪态对人际交流的影响调查问卷

国籍：_____　性别：_____　年龄：_____

大学：_____　学年：_____

留学经历：请填一下留学过的国家

1. 你重视外表吗？

　○非常重视　　　○重视　　　○比较重视　　　○不重视

2. 你对自己的外表有没有自信？

○ 有　　　　　　　○ 一般　　　　　　　○ 没有

3. 你重视外表的哪些方面？可多选。

A. 身材、衣着、发型等　　　　　B. 化妆、首饰等装饰用品

C. 身体气味（如香水）　　　　　D. 说话方式、态度等

E. 无所谓，不重视　　　　　　　F. 其他：

4. 为什么你重视外表的这些方面？可多选。

A. 帅/漂亮/可爱　　　　　　　　B. 礼貌

C. 时髦　　　　　　　　　　　　D. 给别人留下好印象

E. 大家都这么做　　　　　　　　F. 在乎别人的看法

G. 会让人变得充满自信　　　　　H. 开朗

I. 积极向上　　　　　　　　　　J. 看起来充满智慧

K. 变换心情　　　　　　　　　　L. 打扮出另一个不同的自己

M. 没有特殊的理由　　　　　　　N. 其他：

5. 你在什么情况下，会特别注重外表？

A. 平时　　　　B. 上课　　　　C. 玩耍　　　　D. 约会

E. 参加重要活动（如婚礼）　　　F. 打工　　　　G. 面试

H. 没有特殊的情况　　　　　　　I. 其他：

6. 你的个性特点是否能从你的外表反映出来？你觉得你的服饰打扮是否都是最适合自己的？请说明理由。

7. 你知道"TPO"原则吗？你能否根据时间、地点、目的，来考虑自己的穿着打扮？请说明理由。

○ 能　　　　　　　○ 不能

8. 你是否以貌取人？

○ 是　　　　　　　○ 有一点儿，但不那么严重　　　　　　　○ 不是

9. 你认为第一印象是否重要？

○ 是　　　　　　　○ 不是

10. 无论在什么情况下，第一次见面的时候，为了留下好印象你会不会比

平时更重视外表?

○ 会　　　　　　○ 不会

11. 你认为给人第一印象好的人是什么样的人？

A. 帅 / 可爱 / 漂亮　　　　　B. 时髦

C. 有男人味 / 有女人味　　　D. 受大家欢迎

E. 靠谱　　　　　　　　　　F. 善良

G. 开朗活泼　　　　　　　　H. 会察言观色

I. 聪明　　　　　　　　　　J. 细心体贴

K. 其他：

12. 相反，你认为给人第一印象不好的人是什么样的人？

A. 丑　　　　　　　　　　　B. 没品位

C. 伪娘 / 假小子　　　　　　D. 淘气 / 使人为难

E. 优柔寡断　　　　　　　　F. 脾气不好

G. 沉默寡言　　　　　　　　H. 不会察言观色

I. 脑子反应慢　　　　　　　J. 任性

K. 其他：

13. 如果印象好，怎么交往？

○ 想聊天　　　　　　　　　○ 想了解

○ 想交朋友　　　　　　　　○ 如果有机会就交流

○ 不勉强交流　　　　　　　○ 没有特别想交流

○ 其他：

14. 如果印象不好，怎么交往？

○ 想聊天　　　　　　　　　○ 想了解

○ 想交朋友　　　　　　　　○ 如果有机会就交流

○ 不勉强交流　　　　　　　○ 没有特别想交流

○ 其他：

15. 你同意"表里如一"的说法吗？也就是说你认为外表和性格能否一致？（单选题＊必答）

○ 同意　　　　　○ 不同意

16. 回答"同意"的人，你认为外表会影响到性格？还是性格会影响到外表？

○ 外表会影响到性格　　　　○ 性格会影响到外表

17. 你觉得自己有没有识人的能力？请说明理由。

○ 有　　　　○ 没有

18. 你认为外表是否是影响人际关系的重要因素？请说明理由。

○ 是　　　　○ 不是

19. 最后，对于你来说，外表有什么意义和价值？请说明理由。

3. 搜集 1~2 篇在正式期刊发表的汉语言专业方面的调查报告，思考该调查报告写什么？怎么写？了解调查报告写作内容和结构框架。

4. 结合汉语言专业不同研究方向设计一份调查问卷并进行调查。对数据进行统计分析，完成调查报告。

五、学生习作

习作 1

韩国学生汉语学习 APP 使用情况调查

1 引言

1.1 研究背景及意义

随着移动互联网技术的不断进步，科学技术得到了广泛地普及，生活中带给人们诸多便利。在传统的外语学习中，大部分学生都离不开书上学到的知识，而且绝大多数的知识主要是依靠书本获取，所以学习过程需要固定的场所，受到时间和空间的限制比较多。然而，智能手机的普及彻底地改变了人们的学习方式，尤其在学习外语时，外语学习类手机应用软件的出现打破了时间和空间的限制，实现了自由式、开放式的全新学习模式。现如今，越来越多的学生选择利用智能手机，通过各类APP软件完成观看直播课程、查找词语解释、模拟考试等多项学习任务，充分显现出未来可视化、智能化学习的发展趋势。

中韩两国作为同属于东亚地区的邻国，一直以来保持着良好的外交关系以及民间交流。中国的国际地位日益提高，选择到中国留学的韩国留学生也逐渐多了起来。2017年的在华韩国留学生数量已经超过了7万人，占据着整个大学生比例的16%左右。随着越来越多的韩国学生涌入到中国，很多留学生会面对全新的学习环境和生活环境，学习汉语以及学好汉语成为了适应中国留学生活的首要任务。

当前，韩国的智能手机普及率高达94%，排名世界第一，几乎人手有一台智能手机，同时韩国国内也出现了Naver中国语词典、Papago、HelloChinese等一系列学习汉语的应用软件。大多数韩国留学生对于学习汉语非常热衷，而且在这过程中使用学习汉语类手机应用软件变得更加普遍，极大地方便了学生学习汉语的途径与方式。不过应用软件本身也存在很多问题和弊端，比如，软件本身更多关注的是通用性，忽略了不同类学习过程中的实用性和有效性，缺乏针对性的学习材料及学习课程。

本文以汉语学习类APP为研究对象，主要针对韩国学生在学习汉语过程中使用该软件的情况进行调查分析，结合目前韩语学习APP的现状，希望能够给更多学习汉语的韩国学生提供建议。

1.2 研究方法

本文主要用问卷调查法进行研究。第一，在调查问卷的设计和现状分析部分，本研究主要参考了"中国知网"以及韩国"Naver论文库"的相关文献，归纳和总结了"外语学习类APP"有关的先前研究，并从这些研究成果中提炼出本次研究的突破点以及创新点。第二，在对汉语APP的使用情况调查方面，本文主要采用了问卷调查方式，以"NAVER问卷调查"为渠道，对韩国学生进行调查，获取了50份有效调查结果，对样本进行了归类和分析。

2 韩国学生学习汉语APP使用情况调查

2.1 调查问卷设计

根据研究内容，为了更深入分析韩国学生使用汉语学习APP的使用情况，在研究大量前人研究成果的前提下，设计了此次调查问卷。调查问卷内容主要包括对使用汉语学习APP的使用情况调查、选择原因、使用频率和使用时间、使用时间段，对汉语学习手机应用软件的满意度等内容，对韩国学生使用汉语学习手机应用软件的使用情况进行了详细的调查。

2.2 调查问卷的发放

设计好此次调查问卷之后，在韩国NAVER网的问卷调查中心中上传了此问卷，并通过朋友圈、微信群进行调查。从刚开始进行调查的2019年3月1日到2019年3月15日，共有59人加入问卷调查中，去掉其中不完整的问卷9份，最后用50份有效问卷进行分析。

2.3 调查结果分析

对韩国学生学习汉语APP的使用调查结果如下所示：

对当前学习汉语时常用的APP的选项中，占90%的人用"Naver中国语词典"，73.33%的人常用"Papago"，10%的人用"HelloChinese"，也有3.33%的人用"学习中国普通话"软件。可以看出韩国人偏向于使用韩国国内的中国学习软件，对中国研发的汉语学习软件，他们不太会使用，或者觉得陌生。

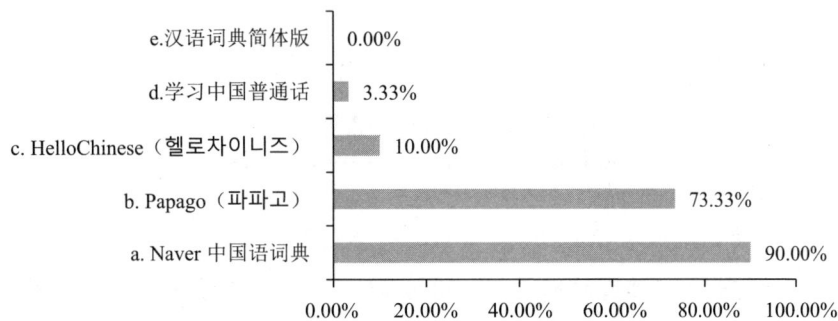

使用汉语学习APP的选择中，占96.67%的人用韩国的APP，仅有3.33%的人使用中国的APP。在不使用中国APP的原因中，有很多人指出对中国的应用软件不太熟悉，所以使用韩国APP，而且在学习初期就开始使用韩国版APP，因此对韩国APP更熟悉。

是否喜欢使用汉语学习类 APP 的问题中，46.67% 的人选择非常喜欢，50% 的人选择比较喜欢，3.33% 的人选择比较不喜欢，没有人选择不喜欢选项。可以看出韩国留学生选择"不喜欢"和"比较不喜欢"的人加起来才 3.33%，说明大部分还是非常喜欢使用汉语学习 APP。

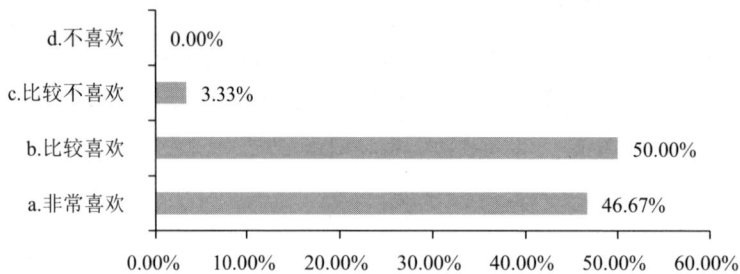

使用汉语学习类 APP 的频率次数问题上，每周使用 4~5 次的人数最多，占 43.33%，其次为每天使用的人占 33.33%，每周使用 2-3 次的人占 20%，每周使用 1 次的人占 3.33%。

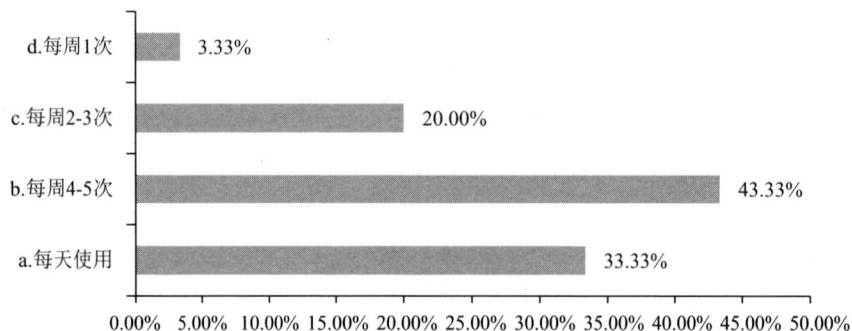

对每次使用汉语学习 APP 的时间长度，53.33% 的人选择使用时间是 5~15 分钟，36.67% 的人使用时间为 15~30 分钟，使用时间为 30~60 分钟的人占 3.33%，使用时间为 60 分钟以上的人占 6.67%，没有人选择 5 分钟以内选项。

第八章 过程体裁写作教学法及应用实例

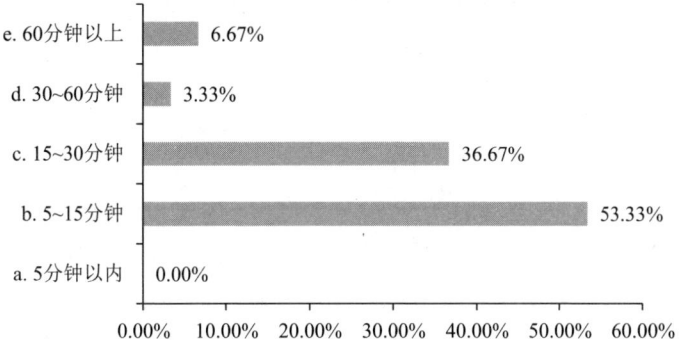

在使用汉语 APP 的时间，上午使用人数最多占 40%，中午使用的人数占 16.67%，晚上睡觉前使用人数占 13.33%，其他时间使用的人数占 30%。其中在上课中使用 APP 学习汉语的人数占 53.55%，自学过程中使用的人数为 43.33%，其他空闲时间使用的人数占 3.33%。

a. 早晨起床后	0.00%
b. 上午	40.00%
c. 中午	16.67%
d. 晚上睡觉前	13.33%
e. 其他时间	30.00%

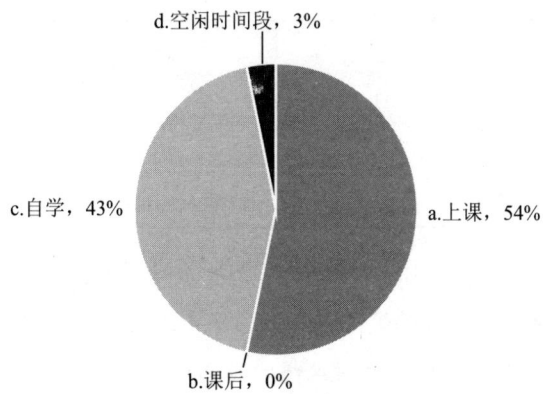

对目前使用的汉语 APP 的内容是否满意的问题上，30% 的人"完全满意"，60% 的人"比较满意"，10% 的人选择"不满意"。

完全满意	30.00%
比较满意	60.00%
不太满意	0.00%
不满意	10.00%

学习汉语 APP 的功能中，最常用的功能是词典，占 53.33%，其次为翻译功能，占 33.33%，发音功能占 10%，社交活动占 3.33%。

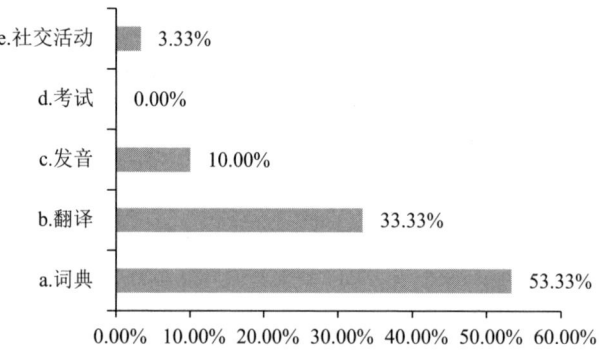

对目前使用的汉语学习类 APP 的缺点中，占 46.67% 的人选择"内容不太丰富"，16.67% 觉得"使用感不是很好"，10% 的人选择了其他选项，并指出"使用界面不太满意"、"广告太多"等意见。

a. 内容不太丰富	46.67%
b. 使用感不是很好	16.67%
c. 需要花钱，不划算	0%
d. 其他 _____	10.00%

汉语学习类 APP 是否对学习汉语有帮助的问题上，所有人都给出肯定的答案，其中 46.67% 的人选择了"帮助非常大"，53.33% 的人选择了"帮助比较大"选项。可以看出韩国学生对汉语学习类 APP 的使用还是比较肯定的。

a. 非常大	46.67%
b. 比较大	53.33%

续表

c.不太大	0.00%
d.没用	0.00%

是否能接受汉语学习 APP 收费的问题上，53%的人选择可以接受收费，27%的人指出不是很能接受收费，20%的人指出不能接受收费学习软件，只用免费的软件。

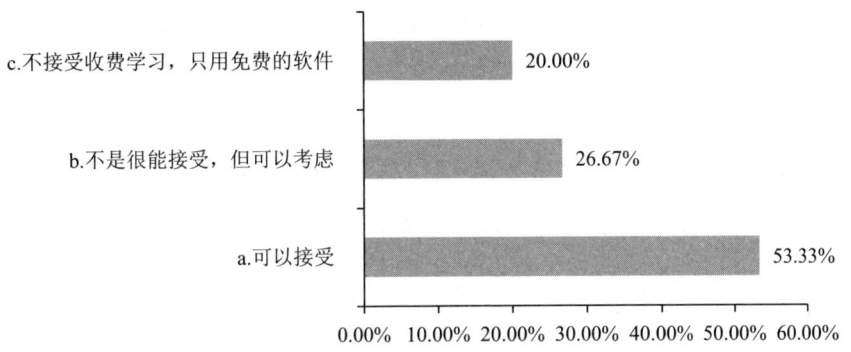

从以上调查中可以知道，韩国留学生学习汉语一般更偏向于使用韩国的学习汉语手机应用软件，如 Naver 中国语词典、Papago 是韩国留学生比较喜欢使用的软件，并指出对韩国的学习软件更熟悉是他们使用的原因。智能手机的使用方便性也导致很多韩国学生喜欢使用汉语学习 APP，其中三分之一的人每天使用。针对汉语学习类 APP 的缺点，很多人指出内容不太丰富，这也是目前汉语学习 APP 的最大的问题点之一。

3 汉语学习 APP 的现状和改进建议

3.1 汉语学习 APP 的现状和问题点

3.1.1 现状

自 2009 年开始普及智能手机，目前全球智能手机用户已经达到 33 亿，智能手机不仅拥有一般手机的功能，还具备电脑所拥有的处理能力和连接网络的功能，能够脱离场所的限制和时间的限制，可以随时随地学习。

说我们每天以智能手机开始一天的生活和学习也不过分。教育，特别是在学习外语的时候，智能手机也在发挥着其强大的功能，可以移动中也可以听课，便宜地购买优质的讲课，可以选择适合个人的课程。而且在学习过程中没有明白的部分，或有疑惑的问题可以通过社交网络获得更多的资料。具有这种特性的智能手机，已经具备了作为教育媒体该具备的最高条件。

目前韩国手机应用软件市场中，存在各种汉语学习类应用软件。其中韩国市场中常用的学习汉语应用软件有"Naver 中国语词典"、"Papago"、"HelloChinese"，而中国市场中推出的有"学习中国普通话"、"汉语词典简体版"等学习软件。这些学习汉语类APP中占80%以上是收费的，但是学习者所下载的学习软件中80%是免费软件，就是说在免费和收费的学习软件中，大部分人偏爱于免费软件的使用。

另外，目前的教育领域的软件，按功能领域可以分为词汇、听、说、写、语法、考试、会话等功能的应用软件。其中学习词语类应用软件占比最大，占26%，考试类占23%，具体内容如下图所示。

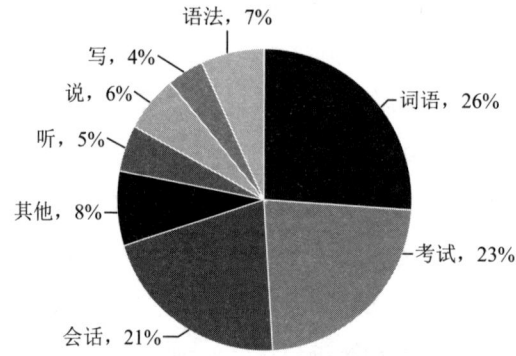

3.1.2 问题点

对汉语学习APP的现状调查，发现目前韩国学生主要使用的汉语APP是韩国的软件，主要使用的应用软件是Naver词典或者Papago，结合对汉语学习APP的现状调查，总结出以下个问题点。

第一，过度依赖于熟悉的韩国语界面的韩语学习软件。虽然在刚开始学习汉语时使用韩国的APP会能加容易上手和学习新单词，但是随着词汇量的加大和学习范围的扩大，使用韩国的汉语学习APP会受到限制。如在学习一门外语的过程中,过度地依赖使用母语,会导致学习外语的速度越来越慢,是会成为学习外国语的绊脚石。

第二,目前韩国的汉语学习APP中学习要素不全面。当前,翻译类主题的汉语学习APP中学习要素的现象比较普遍。众所周知,学法汉语学习中,"读"是最为重要的学习方法,该学习方法最为依仗学习汉语APP的自动发音功能,不过大部分APP所带的发音缺少声调的变化,与真人发音有差距,尤其读例句的时候尤为明显。另外,大部分学习汉语APP只是局限于查询与讲解汉字或者词语相关的内容,最多也是关于成语或者谚语方面的学习板块,缺少阅读写作相关的学习板块,尤其对句型、句式、写作方法等内容极度缺乏。

第三,目前汉语学习APP里缺乏专业性学习资料,资料大部分是初级或者考试类。课程辅导类主题的汉语学习APP中大部分都是缺少足够的学习资料。对于外国留学生学习汉语时,往往会涉及到"HSK"等汉语等级考试,不过大部分APP中所包含的免费学习资料非常粗浅,没有多大的参考价值,而收费资料则费用较为昂贵,性价比不高。另外,大部分汉语学习APP没有涵盖足够的专业领域板块的汉语,例如分版块搜索栏里无法找到"IT"、"数学"等专业方向,有待于进一步完善,满足那些不同条件、不同程度、不同领域的学习需求。

第四,汉语学习APP缺乏学习针对性。目前的汉语学习类APP软件大部分存在针对性不强的问题,其中学习对象方面,没有说明适合学习的年龄区间、汉语等级、工作设计领域以及母语来源国等诸多信息,相反,这些信息恰恰是设计针对性的学习汉语课程的关键因素。另外,有一些APP提供一对一课程设计时,经常先进行汉语等级方面的测试,但是测试内容只局限于单词的记忆量或者语句中的简单语法,缺乏对读写以及交流方面全方位的测试,很难做到真正的"针对性"。

总体来讲,目前比较流行的集中汉语学习APP在开发过程中,大多数专注于单一的拼音、汉字、词语的学习,缺少对听读写能力、阅读写作能力的提升。此外,大部分内容主要是针对日常生活以及HSK等级考试等领域,忽略了"IT"、"数学"等一些专业性比较强的领域。还有,汉语学习APP对应用对象选择方面缺乏针对性，导致学习效率低下，应用软件的开发目的不强。

3.2 改进建议

针对以上汉语学习类 APP 所存在的问题，提出以下几点改进建议。

第一，目前汉语学习类 APP 缺乏针对性和应用性，应该在研发时加强针对性和应用性。开发汉语学习手机应用软件时，首先考虑的应该是学习汉语的使用者的需求，针对不同年龄、不同水平、不同领域圈定有针对性的目标人群，根据每一类使用者设计富有针对性的汉语学习内容。另外，汉语学习内容方面需要涵盖具有实用性的学习内容，提升使用者的学习效率，有利于软件的推广。

第二，需要开展针对性的研发，并进行跨国合作，进行推广汉语学习类软件。每个国家的学习者对软件的使用习惯、学习汉语的使用习惯上存在很大的区别，在此次调查问卷中也发现，韩国学习者大部分使用韩国研发的软件，虽然中国的学习汉语软件在内容、功能上也不亚于韩国学习汉语软件，但是使用的人数非常少。这说明 APP 研发的时候，需要进行跨国合作，才能给外国学习者提供针对性的学习软件。

4 结语

本文调查了韩国学生学习汉语 APP 的使用情况，并对汉语学习 APP 的现状进行分析，指出现有学习汉语 APP 中所存在的问题，提出了改进建议。

目前韩国学生使用汉语学习 APP，还比较偏向于使用韩国公司研发的 APP，但是很多人都指出使用感不是很好，内容不太满意等意见。通过对韩语学习 APP 现状的调查也发现这类学习汉语软件存在学习要素不全面，缺乏专业性学习资料，缺乏学习针对性等问题。本文总结以上问题点和调查结果，提出应该加强开发和运营 APP 的针对性和应用性，开展针对性的研发，研发出符合外国人习惯和愿意使用的手机应用软件。韩国学生作为使用者的立场，也应该积极使用中国所研发的韩语学习软件，来弥补韩国学习软件的短处，为进一步学好汉语做准备。

——（北京第二外国语学院汉语学院汉语言专业毕业论文 作者：廉懿净，指导教师：张笑难）

附录：调查问卷

韩国学生学习汉语 APP 使用情况调查

您好！我是北京第二外国语学院的韩国留学生。为更好地了解韩国留学生学习汉语 APP 的情况进行问卷调查，感谢您在百忙之中抽空填写这份调查问卷。非常感谢！

年龄：＿＿＿＿＿＿＿＿＿＿＿＿

性别：＿＿＿＿＿＿＿＿＿＿＿＿

学习汉语时间：＿＿＿＿＿＿

1. 您学习汉语时，常用的 APP 有哪些？（可多选）

A. Naver 中国语词典　　　　　B. Papago（파파고）

C. Hello Chinese（헬로차이니즈）　D. 学习中国普通话

E. 汉语词典简体版

F 其他＿＿＿＿

2. 您使用的汉语学习 APP 中大部分是韩国的，还是中国的？请写一下不选另外一个的原因。

A. 中国　　　　　　　　　　B. 韩国

原因是＿＿＿＿＿＿

3. 您喜欢使用汉语学习类 APP 吗？

A. 非常喜欢　　　　　　　　B. 比较喜欢

C. 比较不喜欢　　　　　　　D. 不喜欢

4. 您多久使用一次汉语学习类 APP？

A. 每天 5 次以上　　　　　　B. 每周 4~5 次

C. 每周 2~3 次　　　　　　　D. 每周 1 次

5. 您每次使用汉语学习类 APP 的时间是多长？

A. 5 分钟以内　　　　　　　B. 5~15 分钟

C. 15~30 分钟　　　　　　　D. 30~60 分钟

E. 60 分钟以上

6. 您一般什么时间段使用汉语学习 APP？

A. 早晨起床后 　　　　　　　　B. 上午

C. 中午 　　　　　　　　　　　D. 晚上睡觉前

E. 其他 _____ （请写明）

7. 一般什么时候用 APP 学习汉语？

A. 上课　　　B. 课后　　　C. 自学　　　D. 空闲时间段

8. 您对当前使用的学习汉语 APP 的内容是否满意？

A. 完全满意　　　　　　　　　B. 比较满意

C. 不太满意　　　　　　　　　D. 不满意

9. 您最常用的汉语学习 APP 的功能是？

A. 词典　　　B. 翻译　　　C. 发音　　　D. 考试

E. 社交活动

10. 您认为汉语学习类 APP 有什么缺点？（可多选）

A. 内容不太丰富　　　　　　　B. 使用感不是很好

C. 需要花钱，不划算　　　　　D. 其他 _____

11. 您认为汉语学习类 APP 对学习的帮助大吗？

A. 非常大　　　B. 比较大　　　C. 不太大　　　D. 没用

12. 你认为当前汉语学习类 APP 有哪些不足？（可多选）

A. 内容太难　　　　　　　　　B. 学习形式单一枯燥

C. 解释不详细　　　　　　　　D. 操作麻烦

E. 其他 _____

13. 关于汉语学习 APP 收费问题，你能接受吗？

A. 可以接受

B. 不是很能接受，但可以考虑

C. 不接受收费学习，只用免费的软件

习作 2

中韩大学生群体价值取向发展变化情况调查分析

1 引言

1.1 研究目的及方法

荷兰的社会心理学者吉尔特·霍夫斯泰德（Geert Hofstede）的关于文化差异的调查结果显示，中国和韩国的个体主义指数分别为 20 和 18，此指数越是靠近 100 分越表示个体主义取向强，相反越是接近于 0 分表示集体主义取向强，所以两国都是集体主义取向较强的国家。

但是，通过两国报纸、电视、网络等媒体的一些报道，90 后、00 后的大学生反而带有个体主义取向。韩国的《京乡新闻》报道说，与 20 世纪 50 年代中期至 70 年代中期出生的父母一代不同，90 后一代是"自我表现强烈的，正式开始变成个人主义的一代"。而且，中国浙江在线新闻网站说，90 后一代比上一代个性更加张扬，对传统的挑战性更大。

本研究的目的是要了解中韩两国大学生群体价值取向的变化情况，为此先确认中韩大学生是否具有不同于父母一代的群体价值取向变化的因素，想了解两国父母一代的群体价值取向和大学生的群体价值取向之间的差异实际上是否也存在。

因此，以两国 90 后、00 后的大学生和 60 后、70 后的父母一代为对象，利用能够更集中测定个体主义 – 集体主义程度的 Harry Triandis 的理论进行问卷调查。

1.2 研究假设

正如两国媒体所说，现在大学生的群体价值取向有一些变化。究其原因是他们在与父母一代不同的环境中成长。第一，由于技术的发展，形成了一个容易接触新文化的环境。随着科技的发展，出现了 YouTube、抖音、Twitter、照片墙（Instagram）、脸书（Facebook）等各种媒体。这些媒体能够及时传达不同地区，甚至不同国家的文化。大学生从青少年时期就开始使用网络，所以比父母一代更精通信息技术。因此，与父母一代相比，经常接触新文化的环境可能会影响大学生群体价值取向的变化。

第二，教育水平提高。据韩国教育开发院调查，韩国的高等教育升学率从1990年的33.2%增加到2015年的70.8%。据中国的全国教育事业发展统计公报，中国的高等教育毛入学率从1990年的3.4%增加到2015年的40%。这说明，与接受高等教育的人比较少的父母一代的环境不同，90后、00后的大部分学生都把接受高等教育视为理所当然。这些环境的差异也会影响群体价值取向的变化。

第三，两国的大学生比父母一代经济充裕。两国都有了经济上的迅速发展。韩国被称为"汉江的奇迹"，从朝鲜战争以后到1997年IMF危机之前，实现了长达半个世纪的急速经济增长。中国在1978年改革开放后实现了高度的经济发展，2010年国内生产总值超过日本后成为世界第二经济大国。中国和韩国的父母一代在经济增长的过渡时期度过了青年时期，两国的大学生在经济发展的稳定期成长。两国的父母一代在经济增长的过渡期中，为了国家的快速发展，需要共同体的团结，但对于已经物质、文化上富足的大学生来说，共同体的团结并不重要。因此，经济增长带来的物质、文化上的富足也是影响大学生群体价值取向变化的因素之一。

在此次问卷调查中，设想中韩父母一代具有重视共同体的典型的群体价值取向，90后、00后的大学生转变为优先考虑个人的个体主义倾向。

2 相关概念及理论

2.1 集体主义 – 个体主义概念

霍夫斯泰德在1968年和1972年以跨国企业IBM公司的职员为对象进行了关于文化差异的问卷调查。其结果是将国家之间或地区之间文化差异分为"权力距离（Power Distance）""不确定性的规避（Uncertainty Avoidance）""个体主义 – 集体主义（Individualism versus Collectivism）""男性化 – 女性化（Masculinity versus Femininity）"等四个维度。

其中，个体主义和集体主义可通过个人与个人之间的关系加以分类。有些社会，个人之间的纽带很松散，由于社会给个人留下了很多自由，人们看重自己的或直系亲属的利益，看重个人权利和责任、隐私。另一个社会有个人之间的纽带。所有出生在大家庭，部族或集团中的人，都必须照顾到自己集团的利益，除了群体的意见和信任外，没有其他的意见和信任。看重社团集体、合作、共同利益、和谐、传统、公共利益和维护脸面。霍夫斯泰德说，前者是个体主义，后者是集体主义。

2.2 集体主义–个体主义理论

Triandis 在霍夫斯泰德得出的多种变数中集中于"个体主义–集体主义"因素。他认为单凭个体主义和集体主义来区分文化过于单纯，所以根据"人际关系中强调等级秩序还是强调平等性"，提出了垂直–水平主义文化层次。总结他的理论，可以由水平的个体主义，水平的集体主义，垂直的个体主义和垂直的集体主义四种类型组成。

水平的个体主义（Horizontal Individualism）倾向的人们，比起认为自己是某一集团的一员，更是把自己视为根据自己的原则行动的个人，而且想具有与他人不同的独特性，喜欢在与其他人平等的关系中进行自主活动。但并不是把自己看成比别人更优秀的人或追求更高的地位。垂直个体主义（Vertical Individua-lism）倾向的人，在喜欢进行自主活动的同时，也希望自己能站在最高的位置。因此，他们认为，与其他人的关系本质上是竞争性的。水平的集体主义（Horizo-ntal Collectivism）倾向的人，与集团相处得很融合，强调共同体目标，重视人际关系。但他们并不重视人与人之间的等级秩序。垂直集体主义（Vertical Collectivism）倾向的人，有顺从权威的倾向，认为在集体中牺牲是理所当然的。而且，重视人与人之间的等级秩序。

3 问卷调查统计分析

3.1 调查问卷

3.1.1 调查对象及方法

本研究的目的是了解目前大学生是否从集体主义价值取向转变为个体主义价值取向。为了进行比较，以中韩60后、70后的父母一代和中韩90后、00后的大学生为对象进行了问卷调查。收集资料方法是通过专门网络调查平台进行的（中国——问卷网、韩国——Google 调查）。从2020年2月到2020年3月，准备资料，设计问卷，在两国的网络调查平台上登载后，回收了120名中韩大学生和父母一代（中国大学生 30 名、韩国大学生 30 名、韩国父母一代 30 名、中国父母一代 30 名）的调查问卷。

为了分析资料，使用了 SPSS 软件，为了查看各种类型的内部一致性，计算了克朗巴哈系数，进行了信度检验，其结果显示，各类型的信度都在 0.6 以上，判断进行研究没有问题。此外，为了验证研究对象之间的差异，还实施了 t 检验。

表 1　信度检验的结果

类型	提问数量	信度	
水平的个体主义	7	.746	.821
垂直的个体主义	7	.734	
水平的集体主义	7	.609	.722
垂直的集体主义	7	.610	

3.1.2 调查内容

本研究所用的问卷所有的回答都根据回答水平，由"非常不同意"到"非常同意"的李克特的 5 分量表。

问卷中从第 1 题到第 1–3 题是为了了解调查对象对"大学生群体价值取向情况"看法的问题。从第 2 题到第 29 题参考了"Research into multicultural accept ability relative to a university student's individualistic or collectivistic values（Huieun Nam et.al.）"中以适合大学生的 Triandis 尺度修正，分为"水平的个体主义"、"垂直的个体主义"、"水平的集体主义"、"垂直的集体主义" 4 种类型。内容如下：

表 2　调查内容

主要因素	编号	内容
水平的个体主义 Horizontal Individualism	10	我不在乎周围的目光，按照自己的方式生活。
	13	我觉得应该要有与众不同的独特个性。
	20	与其把工作交给别人，不如我自己处理，我觉得这样反而方便。
	22	我比谁都相信自己。

续表

主要因素	编号	内容
水平的个体主义 Horizontal Individualism	24	我希望成为和别人有区别的人格主体。
	26	我是一个与众不同的人，和别人有区别。
	28	我为自己拥有独特的个性而自豪。
垂直的个体主义 Vertical Individualism	3	我是一个非常好胜的人。
	5	如果我不比别人好，心情就不好。
	7	我觉得凡事都要比别人干得好。
	8	竞争是让我努力的动力。
	11	发生竞争是很自然的事情。
	15	看到别人比我做得好，就会受到刺激，奋发图强。
	16	竞争是建立良好社会的必要条件。
水平的集体主义 Horizontal Collectivism	2	周围人的幸福与否决定着我的幸福。
	9	和我一起工作的人的健康和幸福很重要。
	12	如果和我一起工作的人获奖，真是令人骄傲。
	14	对我来说，快乐就是与别人共度的时光。
	17	大家在齐心协力解决问题时，都会感到快乐。
	18	我认为没有必要执着于胜负。
	29	在选择之前，向亲近的朋友征求意见，参考他们的意见，这是一个很重要的过程。
垂直的集体主义 Vertical Collectivism	4	为了我属于团体的利益，我可以放弃我个人的利益。
	6	在团体活动中，保持成员之间的团结比取得成果更重要。
	19	比起发表我的意见，我更尊重团体的决定。
	21	即使强迫家人牺牲，也有义务与家庭成员和睦相处。
	23	父母和子女要尽可能地在一起生活。
	25	即使放弃我想要的东西，照顾家人也是我的义务。
	27	我比较尊重我所在的团体成员的意见。

3.2 结果及分析

3.2.1 调查对象的看法分析

题1：现在大学生的价值取向从集体主义转变为个体主义。

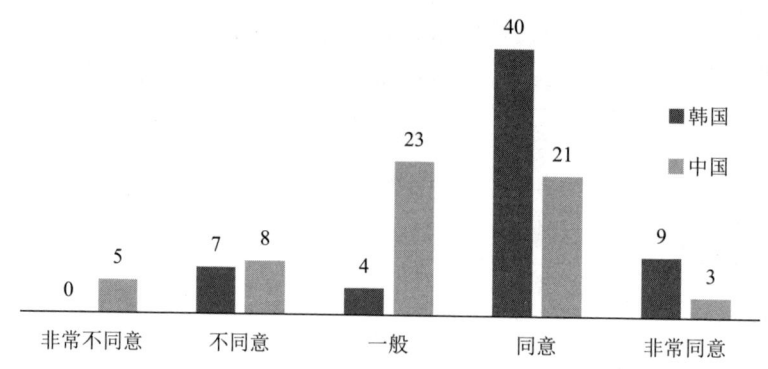

图1 题1的应答情况

在题1"现在大学生的价值取向从集体主义转变为个体主义"，中国大学生和父母一代回答"一般"23名（38.3%），"同意"21名（33.3%）。韩国大学生和父母一代回答"同意"40名（66.7%）。中韩两国大部分都认为大学生的价值取向从集体主义转变为个体主义。

题1-1到题1-3只针对在前面回答的第1题中选择"一般"、"同意"和"非常同意"的人进行，中国的47名和韩国的53名回答如下：

题1-1：现在大学生的价值取向从集体主义转变为个体主义，是因为技术的发展使大学生更容易接触到新的文化。

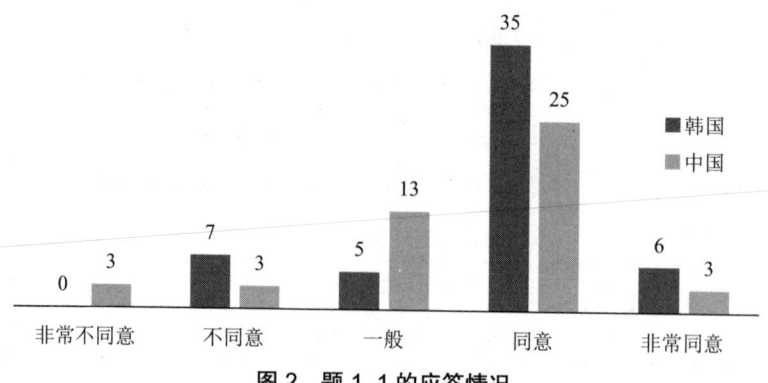

图2 题1-1的应答情况

在题1-1"现在大学生的价值取向从集体主义转变为个体主义,是因为技术的发展使大学生更容易接触到新文化",两国各有25名(53.1%)和35名(66%)表示"同意"。大部分调查对象认为,技术的发展可能影响了大学生从集体主义到个人主义的价值倾向变化。

题1-2:日益提高的教育水平,可能对当前大学生由集体主义向个体主义转变产生了影响。

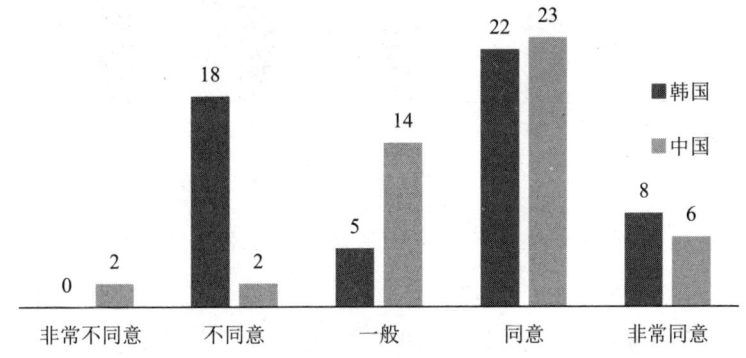

图3 题1-2的应答情况

在题1-2"日益提高的教育水平,可能对当前大学生由集体主义向个体主义转变产生了影响",中国大学生和父母一代有23名(48.9%)表示"同意",6名(12.8%)表示"非常同意",占应答人数的一半以上。韩国大学生和父母一代也有22名(41.5%)表示"同意",8名(15.1%)表示"非常同意",也占应答人数的一半以上,但表示"不同意"的有18名(34%),绝对不是少数。因此,这个因素要重新考虑。

题 1-3：现在大学生的价值取向从集体主义转变为个体主义，是因为经济发展使大学生在物质、文化上变得富足。

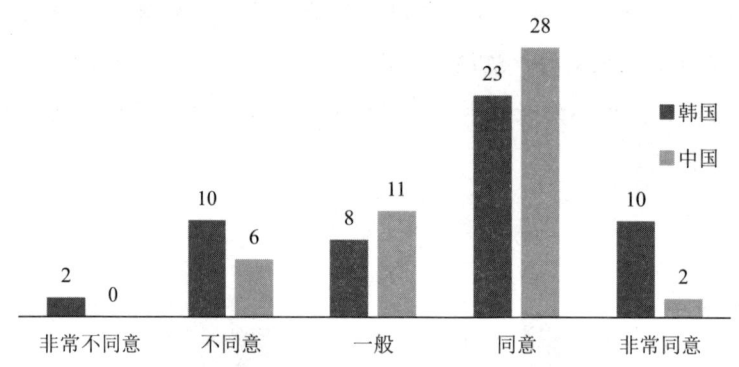

图 4　题 1-3 的应答情况

在题 1-3"现在大学生的价值取向从集体主义转变为个体主义，是因为经济发展使大学生在物质、文化上变得富足"，韩国大学生和父母一代回答"同意"23 名（43.4%），"非常同意"10 名（18.9%）。中国大学生和父母一代回答"同意"28 名（59.6%）。因此，大部分的应答者认为，因为经济发展给大学生的物质、文化上富裕，所以大学生的价值取向转变为个体主义。

3.2.2 大学生和父母一代的价值取向情况

根据以李克特量表为标准得出的平均分数，在四种类型中，中国大学生倾向于水平的个体主义价值取向（平均分数为 3.58 分），韩国大学生倾向于垂直的个体主义价值取向（平均分数为 3.77 分）。与此相比，中国父母一代倾向于垂直的集体主义（平均分数为 3.8 分），韩国父母一代倾向于水平的集体主义（平均分数为 3.8 分）。

表 3　大学生和父母一代的价值取向情况

区分	水平的个体主义	垂直的个体主义	水平的集体主义	垂直的集体主义
中国大学生	3.58（.50）	3.47（.57）	3.48（.54）	3.35（.68）
韩国大学生	3.35（.60）	3.77（.46）	3.63（.41）	3.61（.34）
中国父母一代	3.77（.57）	3.67（.50）	3.7（.50）	3.8（.42）

续表

区分	水平的个体主义	垂直的个体主义	水平的集体主义	垂直的集体主义
韩国父母一代	3.45（.65）	3.58（.66）	3.8（.50）	3.44（.44）

3.2.3 大学生和父母一代群体价值取向情况差异分析

a. 中国的大学生和父母一代群体价值取向情况差异

为了了解中国的大学生和父母一代之间是否具有价值取向的差异，实施独立样本t检验时，仅在垂直的集体主义（t=-3.074, p<.01）方面有显著性差异。父母一代的平均分数为3.8分，大学生的平均分数为3.35分，表明父母一代在垂直集体主义价值取向方面相对高于大学生的平均分数。

表4 中国的大学生和父母一代群体价值取向情况差异检验结果

区分		水平的个体主义	垂直的个体主义	水平的集体主义	垂直的集体主义
年龄段	大学生	3.58（.50）	3.47（.57）	3.48（.54）	3.35（.68）
	父母一代	3.77（.57）	3.67（.50）	3.7（.50）	3.8（.42）
t（p）		−1.340（.186）	−1.449（.153）	−1.622（.110）	−3.074（.003）***

p* < 0.1, p** < 0.05, p*** < 0.01

b. 韩国的大学生和父母一代群体价值取向情况差异

韩国对两个年龄段之间价值取向差异进行的检验结果显示，个体主义和集体主义的价值取向都未出现显著性差异。因此，可以说在韩国"大学生和父母一代之间没有价值取向的差异"。

表5 韩国的大学生和父母一代群体价值取向情况差异检验结果

区分		水平的个体主义	垂直的个体主义	水平的集体主义	垂直的集体主义
年龄段	大学生	3.35（.60）	3.77（.46）	3.63（.41）	3.61（.34）
	父母一代	3.45（.65）	3.58（.66）	3.8（.50）	3.44（.44）
t（p）		−.616（.540）	1.272（.208）	−1.418（.162）	1.719（.091）*

p* < 0.1, p** < 0.05, p*** < 0.01

3.2.4 中韩群体价值取向情况差异分析

a. 中国大学生和韩国大学生群体价值取向情况差异

中国大学生和韩国大学生在垂直的个体主义（t=-2.241，p<.05）方面有显著性差异。中国大学生的平均分数为 3.47 分，韩国大学生的平均分数为 3.77 分，韩国大学生比中国大学生在垂直的个体主义价值取向方面得到了相对较高的平均分数。

表 6 中国大学生和韩国大学生群体价值取向情况差异检验结果

区分		水平的个体主义	垂直的个体主义	水平的集体主义	垂直的集体主义
国家	中国	3.58（.50）	3.47（.57）	3.48（.54）	3.35（.68）
	韩国	3.35（.60）	3.77（.46）	3.63（.41）	3.61（.34）
	t（p）	1.624（.110）	-2.241（.029）**	-1.991（.238）	-1.881（.065）*

p* < 0.1, p** < 0.05, p*** < 0.01

b. 中国父母一代和韩国父母一代群体价值取向情况差异

中国父母一代和韩国父母一代的 t 检验结果显示，在垂直的集体主义（t=3.256，p<.01）方面有显著性差异。中国父母一代的平均分数为 3.8 分，韩国父母一代的平均分数为 3.44 分，中国父母一代比韩国父母一代在垂直的集体主义价值取向方面有相对较高的平均分数。

表 7 中国父母一代和韩国父母一代群体价值取向情况差异检验结果

区分		水平的个体主义	垂直的个体主义	水平的集体主义	垂直的集体主义
国家	中国	3.77（.57）	3.67（.50）	3.7（.50）	3.8（.42）
	韩国	3.45（.65）	3.58（.66）	3.8（.50）	3.44（.44）
	t（p）	2.025（.047）**	.596（.553）	-.742（.461）	3.256（.002）***

p* < 0.1, p** < 0.05, p*** < 0.01

4. 结语

通过以上分析我们可以发现，在"现在大学生的价值取向从集体主义转变为个体主义"的问题上,两国都做出了比较肯定的回答。在以肯定回答的人为对象询问变化原因时,他们回答技术的发展、经济发展所带来的物质上、文化上的富裕是大学生价值取向变化的原因。

根据以李克特量表为标准得出的平均分数,在四种类型中,中国大学生倾向于水平的个体主义价值取向,韩国大学生倾向于垂直的个体主义价值取向。与此相比,中国父母一代倾向于垂直的集体主义,韩国父母一代倾向于水平的集体主义。

但是为了验证两个集团的差异,进行独立样本t检验时,首先以年龄段为标准进行检验的结果显示,中国的大学生和父母一代仅在垂直的集体主义上有显著性差异。韩国的大学生和父母一代之间在个体主义和集体主义的价值取向方面都未表现出显著性差异。然后以国家为标准进行检验的结果显示,中国大学生和韩国大学生在垂直的个体主义上有显著性差异,中国父母一代和韩国父母一代在垂直的集体主义方面有显著性差异。

因此,与大部分问卷调查对象的"现在大学生从集体主义转变为个体主义,与父母一代存在差异"的观点不同,区分大学生与父母一代没有显著性差异,反而国家之间有显著性差异。

——(北京第二外国语学院汉语学院汉语言专业毕业论文 作者:金昭沅,指导教师:张笑难)

附录:调查问卷(中文)

中韩大学生群体价值取向变化的调查问卷

个体主义-集体主义价值尺度的所有的回答都根据回答水平,由"非常不同意"到"非常同意"的李克特的5分量表。

1. 现在大学生的价值取向从集体主义转变为个体主义。(选择"非常不同意"和"不同意"的人请立即进行第2题)

A. 非常不同意　　B. 不同意　　C. 一般　　D. 同意

E. 非常同意

1-1. 现在大学生的价值取向从集体主义转变为个体主义，是因为技术的发展使大学生更容易接触到新的文化。

　　A. 非常不同意　　　B. 不同意　　　C. 一般　　　　D. 同意
　　E. 非常同意

1-2. 日益提高的教育水平，可能对当前大学生由集体主义向个体主义转变产生了影响。

　　A. 非常不同意　　　B. 不同意　　　C. 一般　　　　D. 同意
　　E. 非常同意

1-3. 现在大学生的价值取向从集体主义转变为个体主义，是因为经济发展使大学生在物质、文化上变得富足。

　　A. 非常不同意　　　B. 不同意　　　C. 一般　　　　D. 同意
　　E. 非常同意

2. 周围人的幸福与否决定着我的幸福。

　　A. 非常不同意　　　B. 不同意　　　C. 一般　　　　D. 同意
　　E. 非常同意

3. 我是一个非常好胜的人。

　　A. 非常不同意　　　B. 不同意　　　C. 一般　　　　D. 同意
　　E. 非常同意

4. 为了我属于团体的利益，我可以放弃我个人的利益。

　　A. 非常不同意　　　B. 不同意　　　C. 一般　　　　D. 同意
　　E. 非常同意

5. 如果我不比别人好，心情就不好。

　　A. 非常不同意　　　B. 不同意　　　C. 一般　　　　D. 同意
　　E. 非常同意

6. 在团体活动中，保持成员之间的团结比取得成果更重要。

　　A. 非常不同意　　　B. 不同意　　　C. 一般　　　　D. 同意
　　E. 非常同意

7. 我觉得凡事都要比别人干得好。

A. 非常不同意　　　B. 不同意　　　C. 一般　　　　　D. 同意

E. 非常同意

8. 竞争是让我努力的动力。

A. 非常不同意　　　B. 不同意　　　C. 一般　　　　　D. 同意

E. 非常同意

9. 和我一起工作的人的健康和幸福很重要。

A. 非常不同意　　　B. 不同意　　　C. 一般　　　　　D. 同意

E. 非常同意

10. 我不在乎周围的目光，按照自己的方式生活。

A. 非常不同意　　　B. 不同意　　　C. 一般　　　　　D. 同意

E. 非常同意

11. 发生竞争是很自然的事情。

A. 非常不同意　　　B. 不同意　　　C. 一般　　　　　D. 同意

E. 非常同意

12. 如果和我一起工作的人获奖，真是令人骄傲。

A. 非常不同意　　　B. 不同意　　　C. 一般　　　　　D. 同意

E. 非常同意

13. 我觉得应该要有与众不同的独特个性。

A. 非常不同意　　　B. 不同意　　　C. 一般　　　　　D. 同意

E. 非常同意

14. 对我来说，快乐就是与别人共度的时光。

A. 非常不同意　　　B. 不同意　　　C. 一般　　　　　D. 同意

E. 非常同意

15. 看到别人比我做得好，就会受到刺激，奋发图强。

A. 非常不同意　　　B. 不同意　　　C. 一般　　　　　D. 同意

E. 非常同意

16. 竞争是建立良好社会的必要条件。

A. 非常不同意　　　B. 不同意　　　C. 一般　　　　　D. 同意

E. 非常同意

17. 大家在齐心协力解决问题时，都会感到快乐。

A. 非常不同意　　B. 不同意　　C. 一般　　D. 同意

E. 非常同意

18. 我认为没有必要执着于胜负。

A. 非常不同意　　B. 不同意　　C. 一般　　D. 同意

E. 非常同意

19. 比起发表我的意见，我更尊重团体的决定。

A. 非常不同意　　B. 不同意　　C. 一般　　D. 同意

E. 非常同意

20. 与其把工作交给别人，不如我自己处理，我觉得这样反而方便。

A. 非常不同意　　B. 不同意　　C. 一般　　D. 同意

E. 非常同意

21. 即使强迫家人牺牲，也有义务与家庭成员和睦相处。

A. 非常不同意　　B. 不同意　　C. 一般　　D. 同意

E. 非常同意

22. 我比谁都相信自己。

A. 非常不同意　　B. 不同意　　C. 一般　　D. 同意

E. 非常同意

23. 父母和子女要尽可能地在一起生活。

A. 非常不同意　　B. 不同意　　C. 一般　　D. 同意

E. 非常同意

24. 我希望成为和别人有区别的人格主体。

A. 非常不同意　　B. 不同意　　C. 一般　　D. 同意

E. 非常同意

25. 即使放弃我想要的东西，照顾家人也是我的义务。

A. 非常不同意　　B. 不同意　　C. 一般　　D. 同意

E. 非常同意

26. 我是一个与众不同的人,和别人有区别。

A. 非常不同意　　B. 不同意　　C. 一般　　D. 同意

E. 非常同意

27. 我比较尊重我所在的团体成员的意见。

A. 非常不同意　　B. 不同意　　C. 一般　　D. 同意

E. 非常同意

28. 我为自己拥有独特的个性而自豪。

A. 非常不同意　　B. 不同意　　C. 一般　　D. 同意

E. 非常同意

29. 在选择之前,向亲近的朋友征求意见,参考他们的意见,这是一个很重要的过程。

A. 非常不同意　　B. 不同意　　C. 一般　　D. 同意

E. 非常同意

习作 3

中国武术在古巴的传播及影响调查分析

1 引言

1.1 研究目的及必要性

中国武术源远流长,历史悠久,被认为是中国文化遗产的一个里程碑。武术在世界范围内的传播和发展,是传承和弘扬武术文化的重要手段,是向世界展示中国传统文化的重要途径。早在 1847 年,非洲奴隶制在欧洲和美洲逐渐衰落的时候,就有数十万中国工人从中国被带到古巴的甘蔗地工作。同时,他们还带来了中国的文化传统,这些文化传统融入了古巴,成为了古巴文化的一部分,并被保留下来。如今,在古巴居住的华裔居民虽然只有 400 人,但约有 11.4 万古巴人有着中国血统,他们中的大多数人不会说中文,也从来没有去过中国,但他们觉得自己与中国的文化传统有着紧密的联系,并试图保留这部分文化传统。

再者，笔者作为一个华裔，注意到，中国文化传统及其影响已经深入了古巴，特别是中国武术。本人从小就亲眼目睹了古巴人对武术的热爱和尊重是如何成长起来的。每年都有越来越多的人报名参加武术学校。这些武术学校的理念不仅包括宣传武术这项中国传统运动，同时也包括弘扬和传播中国文化、保持古巴人民同中国的紧密联系。

笔者希望能以上述内容为研究背景，对中国武术在古巴的传播现状及影响进行调查分析，总结目前中国武术在古巴传播模式的优缺点，并根据当前发展现状提出一定的建议，为中国武术在世界其他地区的开展提供借鉴和参考。在此之前，针对本课题的研究成果较少，因此，本文对于中国武术在古巴的传播及影响的研究具有一定的创新意义。

1.2 研究内容与方法

本研究以中国武术在古巴的传播现状及影响为主要内容来进行调查分析。因此，本文采取对古巴人进行调查研究的方式，设计相关的调查问卷。调查以书面提问作为搜集资料的研究方法，即调查者就调查项目编制成调查问卷，分发给被调查人员进行填写。本调查问卷的主要内容包括调查对象对于中国武术的了解，了解的渠道，对于武术的看法等等，调查一百人左右。问卷调查完成以后，对中国武术在古巴的传播现状及影响进行细致的分类统计，重点是调查古巴人后的数据统计，基于数据分析而提出的相关建议更加具有说服力。在进行中国武术在古巴的传播现状及影响的统计基础上，总结武术在古巴传播发展的特点。

2 中国武术的定义与发展历史

2.1 武术的定义和特点

传统武术是竞技武术的根源，它有着丰富悠久的历史。武术起源于中国，并在中国得到发展和传播，吸收了中国各民族鲜明的文化和哲学特征。出于自卫和生存以及战争的需要，在几千年的武术发展过程中，出现了各种方法、哲学、战术和技术以及不同的风格和实践。传统武术的核心是攻防格斗，但它的实践已经超越了物质层面，而与古代的伦理道德深深地交织在一起。传统武术的实践是为了将前代依靠武术生存并且改善的生活方式和文化遗产保存下来。

武术的风格和手法千差万别，有的以手技为主，有的以腿技为主，有的以摔跤为主，有的以攻防为主，有的则以促进维护身体健康为己任。传统武术还设计从冷兵器时代流传下来的大量传统武器以及后世保存下来的实用健身技巧。传统武术有着众多的宗派和风格，种类繁多，内容丰富多彩，背后的武术文化极为深厚和复杂。无论种族、性别、年龄、社会阶层或身体状况如何，各行各业的人们都可以学习它，它是属于世界人民的文化瑰宝。

2.2 中国武术的发展历史

传说中国武术起源于四千多年前的夏朝。最早提到中国武术的文献是《春秋》（公元前5世纪），其中提到了包括技法概念的白刃战理论。此外，一种叫做角力的格斗摔跤体系在《礼记》（公元前1世纪）中有提及。角力也被记录在约公元前100年司马迁所著的《史记》中。唐朝时，李白的诗歌中也有对剑舞的描写。近代武术观念在明清朝代得到了充分的发展。

现今中国武术的大多数格斗风格其实在20世纪就已经流行起来。这些风格的流行是中国社会发生巨大变化的结果。1910年成立的精武体育会和1928年由国民政府成立的中央国术馆，都是促进中国武术训练系统化的组织范例。1936年，在柏林第11届奥运会上，一群中国武术家首次向国际观众展示了他们的艺术。

1949年10月1日中华人民共和国成立，中国武术在国际上迅速传播。许多著名的武术大师将武术推广到世界其他地区。传统武术的实践也经历了一些转变。1958年，中国政府成立了中华全国武术协会，将其作为规范武术训练的组织。中国国家体育委员会率先为大多数主要武术门类创造了标准化的形式。在此期间，建立了包括标准形式、教学大纲和指导员评分在内的国家武术体系。武术在高中和大学都进行推广。1979年，中国国家体委成立了专门的工作组，开始重新评估武术的教学和实践。1986年，作为中华人民共和国武术活动研究和管理的中心机构的中华人民共和国国家武术研究所成立了。此后，中国武术进一步发展。

3 中国武术在古巴的跨文化传播

3.1 跨文化传播

跨文化传播指的是处于不同文化背景的社会成员之间的人际交往与信息传播活动,也涉及各种文化要素在全球社会中迁移、扩散、变动的过程,及其对不同群体、文化、国家乃至人类共同体的影响。中国武术在世界其他国家的传播现状,特别是在古巴的传播情况就是一个例子。

3.2 中国武术在古巴的传播现状

国际武术联合会(IWUF)致力于对传统武术进行保护和推广,并将武术推广进入全民体育领域。传统武术的价值观与提高社会凝聚力、增强文化教育、崇尚健康的生活方式和习惯等观念相契合。1991年,国际武联举办了第一届世界传统武术锦标赛。作为一项全民健身运动,武术竞赛的本质是通过大规模武术爱好者的参与和交流,促进传统武术的发展。这项赛事有数千名不同年龄组的参赛者在不同的赛区进行比赛,其中大多数人都获得了参赛奖品。这项赛事以互动的精神为核心,希望通过传统武术在参赛者间建立友谊并培养兴趣。

中国武术在古巴的传播随着时间的推移而发展起来。古巴武术学校成立于1995年,位于哈瓦那唐人街的中心,由 Roberto Vargas Lee 大师创建。目前,学校在古巴15个省拥有15000多名从业人员,哈瓦那有2500名从业人员,学生遍布15个国家。从5岁起,不论是否是中国后裔,不论男女,从儿童到老年人,都欢迎到学校注册并练习不同风格的武术。

古巴武术学校是国际武术联合会和中国健身气功协会的正式成员。这两个组织的代表团访问过古巴,开设课程、举办展览和研讨会。古巴武术学校的主要目标不仅是促进和发展中国武术,而且通过全国的社区工作传播中国传统文化及追溯其在古巴历史上的发展根源。古巴武术学校成立25年来,在国际赛事中,主要是在中国,多次获得奖牌和荣誉。迄今为止,该校学生已在世界锦标赛、国际太极拳大会等武术比赛中获得36枚奖牌。学校在古巴社会和文化生活中发挥着积极作用。它参加了许多官方仪式,并在哈瓦那与少林寺僧侣合作进行了两次演出。

每天早上，超过 200 人在哈瓦那唐人街的学校主要场地练习太极拳、气功和其他功夫。相关比赛也在首都和其他省份举行，因此成千上万的人正在享受这些中国传统技艺带来的健康益处。这种情况已经持续了 25 年多，大大提高了这些中国传统功夫的知名度，并增加了它们在古巴人中的受欢迎程度。

4 中国武术在古巴的传播及影响调查分析

4.1 调查问卷

4.1.1 问卷设计

本问卷旨在分析中国武术在古巴的传播及影响。设计了 14 个问题以及所能考虑到的多种答案，以便于受访者回答并方便调查人员收集数据并进行分析。前三个问题旨在了解受访者的基本信息，性别，年龄和出身背景。第三个问题有助于我们了解中国武术是否只在华裔中留下，或是否有在非华裔中流行的情况。此外，此问卷还包括了解调查对象对于中国武术的了解、了解渠道、对于武术的看法等，总结目前中国武术在古巴传播模式的优缺点，并根据当前发展现状提出一定的建议。

4.1.2 问卷调查对象及方法

本次问卷的发放时间为 2 月 20 日至 2 月 28 日。共发放 110 份问卷。回收 100 份问卷，回收率为 90.91%，其余 10 份问卷由于没有得到完全的答复，因此为无效问卷。问卷全部以纸质问卷分发，不使用网络软件是因为在古巴并非所有人都能上网。调查问卷的发放地点为哈瓦那。本问卷是为古巴人设计的，目的是分析中国武术在古巴的传播和影响。

4.2 调查数据统计与分析

4.2.1 调查问卷基本信息

本次问卷共调查 100 人，其中男性 82 人，占总人数的 82%；女性 18 人，占总人数的 18%。男女分布图如下图所示：

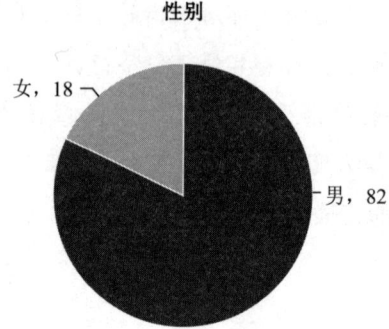

在第2个问题中,我们可以看到最大的受访者群体在18~25岁37名(37%),其次是60岁以上有28名(28%),之后是26~35岁12名(12%),36~45岁9名(9%),18岁以下8名(8%)和46~60岁6名(6%)。

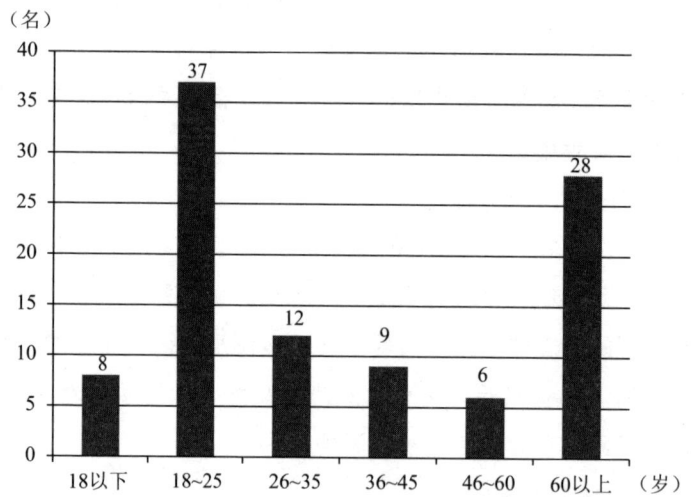

在第3个题,我们可以看到,在被采访者中,华裔12人(12%),非华裔88人(88%)。

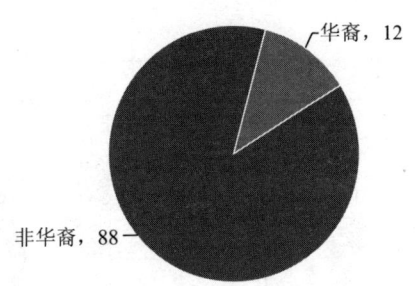

4.2.2 结果分析

在第4题"您喜欢武术吗?"受访者回答,"非常喜欢"73名(73%)占第一,"喜欢"21名(21%)占第二,"一般"6名(6%)占第三,"不喜欢"的选择率为0名。

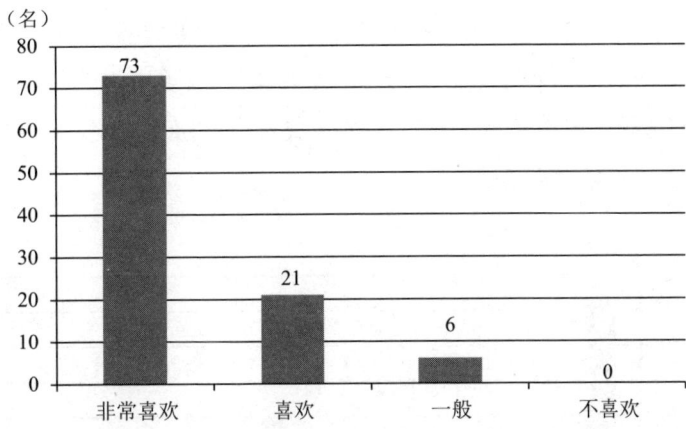

在第5题,"您第一次是从何处了解武术的?"受访者回答,"武术表演"52名(52%)占第一,"影视剧"18名(18%),会武术的朋友或同乡18名(18%),两个答案占第二,"家族传授继承"12名(12%)占第三。没有人选择"武侠小说","学校体育课","互联网","武术专业书籍,刊物,杂志","其它"的答案。

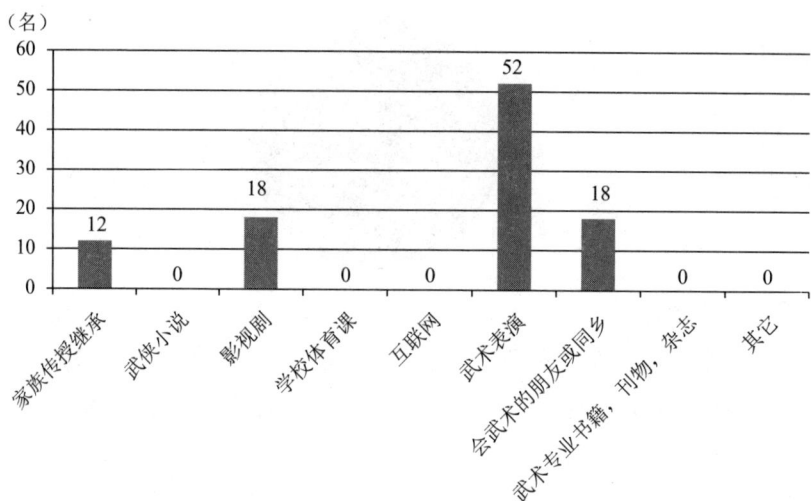

在第 6 题,"您觉得学武术是为了什么?"受访者回答,"强身健体"63 名（63%）占第一,"防身"31 名（31%）占第二,"自身喜好"6 名（6%）占第三。没有人选择"了解体育文化","扩大交际","磨炼意志","盲目跟风",还有"其它"的答案也没有。

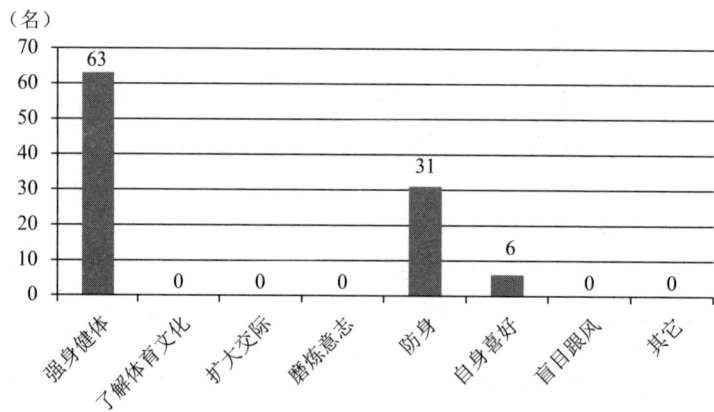

在第 7 题,"您学过武术吗?"受访者人回答,"现在还在学"69 名（69%）占第一,"曾经学过"31 名（31%）占第二,"没学过"的选择率为 0。

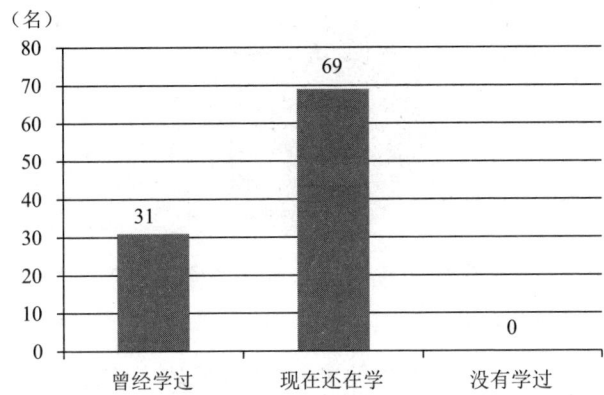

在第 8 题,"您是怎么学武术的?"受访者回答,"练在武术学校"69 名(69%)占第一,"有自己的武术教练"23 名(23%)占第二,"跟会武术的朋友或同乡学习"6 名(6%)占第三,"自学"2 名(2%)占第四,"其它"的选择率为 0 名。

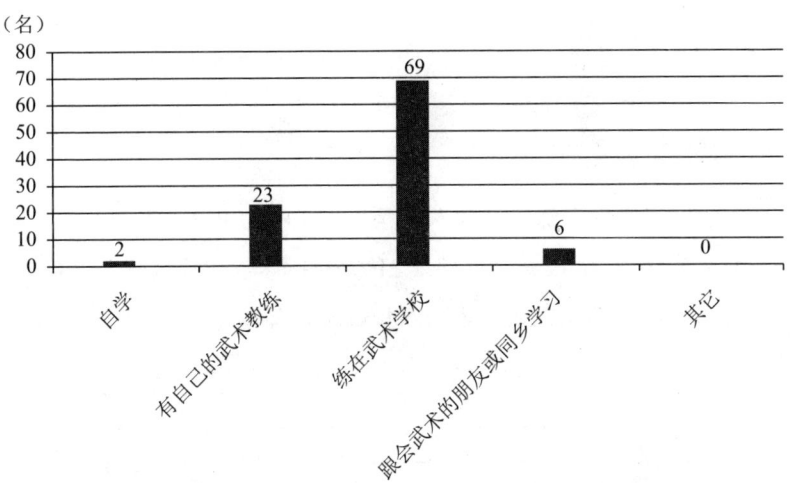

在第 9 题,"您参加过武术比赛吗?"受访者回答,参加过 64 名(64%)占第一,"没有"36 名(36%)占第二。

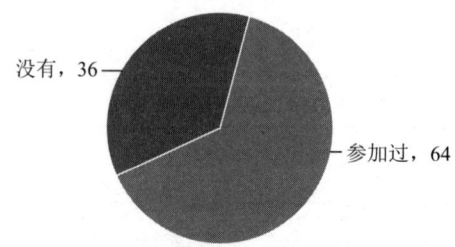

在第9.1题,"如果参加过的话,您参加了哪一种?"受访者可以多选择,"地市级比赛"64名(64%)占第一,"省级比赛"12名(12%)占第二,"全国比赛"7名(7%)占第三,"国际比赛"2名(2%)占第四。

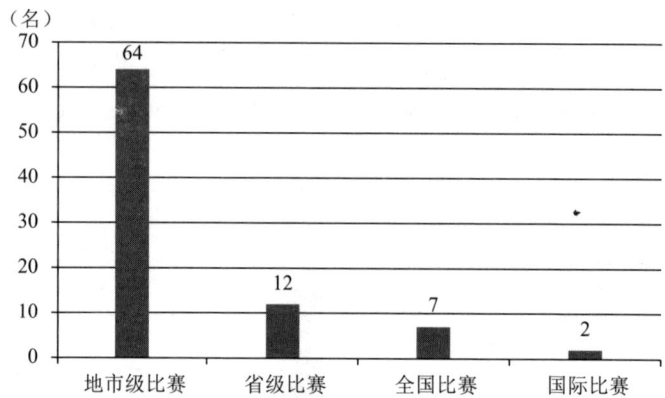

在第10题,"您周围练武术的人多吗?"可以看出来受访者回答"很多"77名(77%)占第一,"比较多"21名(21%)占第二,"比较少"2名(2%)占第三,没有人选择"基本没有"和"不知道"的答案。

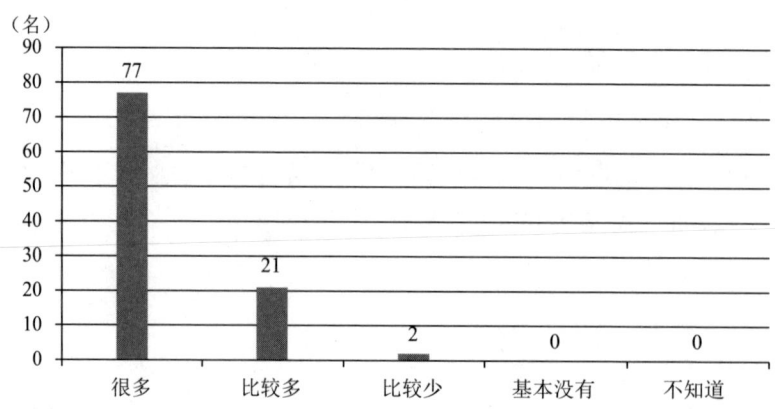

在第 11 题,"您对在学校开展武术的态度?"受访者回答,"非常支持"78名(78%)占第一,"比较支持"22 名(22%)占第二。没有人选择"无所谓"和"不支持"的答案。

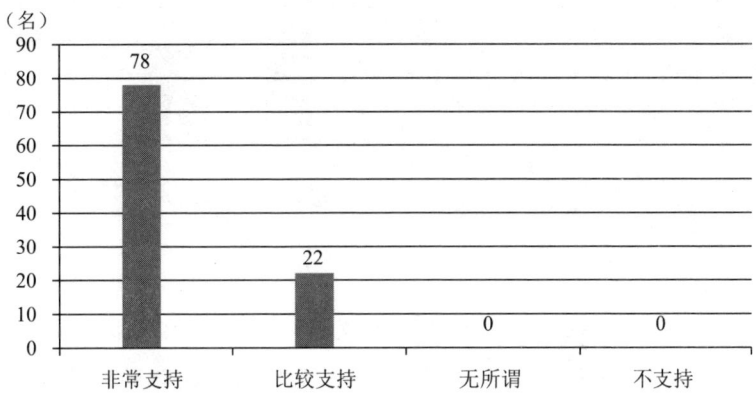

在第 12 题,"您对中国武术在古巴的发展有怎样的预期?"受访者回答,"乐观"82 名(82%)占第一,"不确定"13 名(13%)占第二,"不乐观"5 名(5%)占第三。

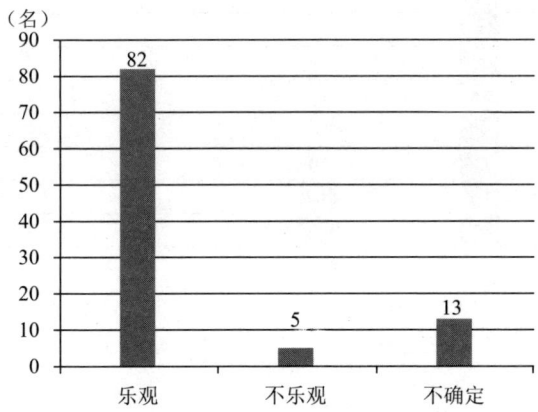

在第 13 题,"您认为学习武术最大的障碍是什么?"受访者回答,"政府支持力度不够"71 名(71%)占第一,"武术学校比较少"29 名(29%)占第二,没有人选择"招式太多记不住","基本功太难了","无名师指导","其它"的答案。

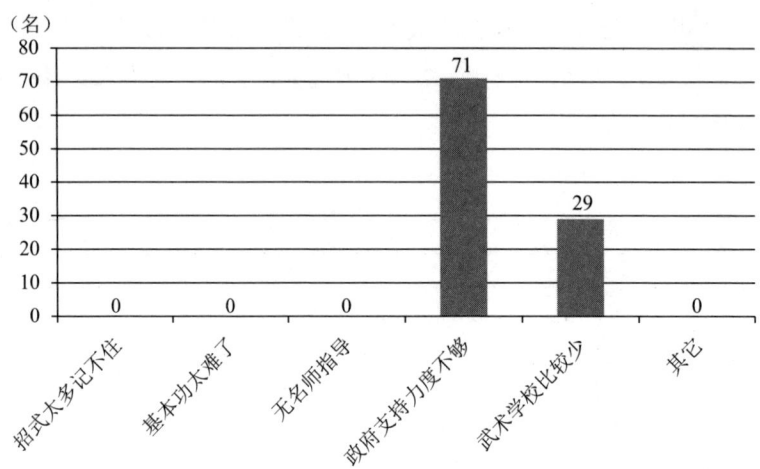

在第14题,"您认为推动中国武术发展以下哪个因素最重要?"受访者回答,"政府支持"80名(80%)占第一,"民间武术团体的大力宣传"20名(20%)占第二,没有人选择"武术爱好者积极参与","其它"的答案。

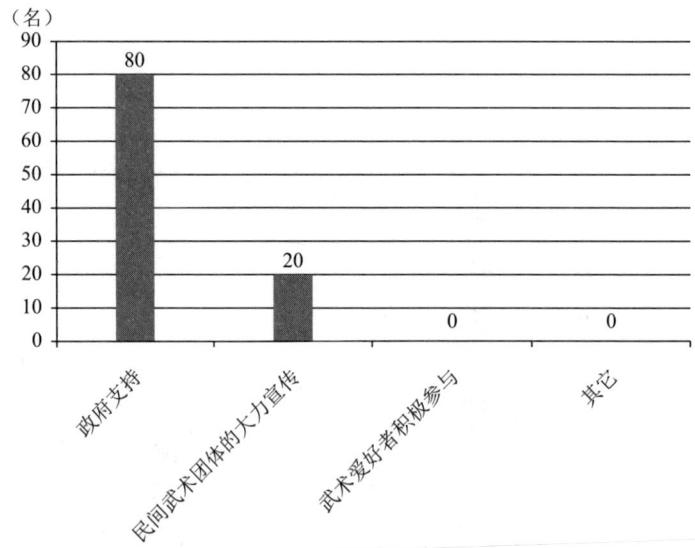

通过对收集到的数据的分析,我们可以看出,在接受访问的总人数中,有82%的男性和18%的女性练习或曾经练习过武术。尽管武术是中国传统,但也得到了古巴人的接受。88%的受访者不是华裔,可是练习或曾经练习过武术,而另外12%是华裔。另外，73%的人非常喜欢武术，21%的人喜欢，只有6%的人一般喜欢。练习武术的主要人群是18~25岁的年轻人（37%），其次是60岁以上的老年人（28%）。每天都有更多的老年人练习太极拳，以改善他们的身心健康。人们第一次了解武术最常见的方式是通过武术表演（52%）。同样通过影视剧（18%），会武术的朋友或同乡告诉你（18%）或家族传授继承（12%）。63%的人认为武术是为了强身健体，31%的人是为了防身，6%的人是为了自身喜好。

我们可以看到69%的受访者现在还在学武术，31%曾经学过。练习这项运动的主要选择是练在武术学校，占69%，因为他们为你提供了合格的教师、教材和练习武术所需的设备，其次是23%的人有自己的武术教练，只有6%的人跟会武术的朋友或同乡学习，2%的人自学。练习武术的人中，64%参加地市级比赛，12%参加省级比赛，7%参加全国比赛，2%参加国际比赛。77%的受访者认为，在他们的周围中，很多人练习武术，另外21%认为比较多，2%认为比较少。对在学校开展武术的态度有两种态度，78%非常支持，22%比较支持。82%的人对中国武术在古巴的发展持乐观态度，13%的人不确定，只有5%的人不乐观。作为武术的最大障碍，71%的人认为政府支持力度不够，29%的人认为武术学校比较少。另外，80%的人认为政府支持是推动武术发展的主要因素，其他20%认为是民间武术团体的大力宣传。

4.3 相关建议

通过对这些数据的分析，笔者提出以下建议：

（1）政府、教育部门，把武术作为一项体育运动，在小学到大学的体育课上进行练习，让孩子和年轻人有更多地了解武术，以便更好地在古巴全国推广和发展武术运动。

（2）在全国不同城市创建新的武术学校。虽然在每个省会城市都有一所武术学校，可是招生名额有限，对武术感兴趣的人也未必都能参加。例如，哈瓦那有200多万居民，但武术学校每年只招收2500名学生。距离也是一个主要因素。某些省会城市和省内其他城市之间的距离超过了120公里，这意味着如果你对武术感兴趣，但住得远，学习武术的机会也就没有那么多了。

（3）出版有关武术的书籍、杂志、专业报纸以及制作相关电视、网络教育节目。因为西班牙文中关于武术的文献不多，在武术学校，武术课可录制并上传到网上，因此有兴趣的人可以访问它。武术特长教师可以在杂志或者专业报纸写下他们的经历。此外，国家翻译学院可以帮助将有关武术的书籍翻译成西班牙语。

（4）卫生部可以为老年人制定一个包括武术在内的项目，因为武术的系统实践对改善身心健康有着极佳的效果，如对器官、血压、消化和呼吸功能的影响，同时也可以减轻人群的压力。

5 结语

通过调查分析可以看出，武术在古巴接受率很高，很受欢迎，无论是否华裔，无论男女老少，任何人都可以练习。很多人练习它是为了防身，也有人是为了强身健体。武术表演是人们第一次了解武术的最有效途径。古巴武术学校的成功说明武术在古巴有很大的发展潜力。目前喜爱这项运动的大多数人都去了武术学校，他们中的许多人参加了从地市级到国际的各种比赛。

大多数人对古巴武术的发展持乐观态度。但是，为了更好地传播武术，还需要政府的支持和民间武术团体的大力宣传，共同创建新的学校，把武术作为一项体育运动纳入教育体系，并且派专门进行武术相关刊物的出版，使更多的人有机会享受这项美丽的运动。

——（北京第二外国语学院汉语学院汉语言专业毕业论文 作者：王琳娜，指导教师：张笑难）

附录：调查问卷（中文）

中国武术在古巴的传播及影响调查问卷

您好！我是北京第二外国语学院的学生，正在进行关于中国武术在古巴的传播及影响的研究。为广泛获取信息，特请您填写本问卷。您的回答对本研究至关重要，希望能得到您的真实想法与宝贵意见。谢谢您的合作！

1. 您的性别：

A. 男　　　　　　　B. 女

2. 您的年龄：

A. 18 以下　　　B. 18~25　　　C. 26~35　　　D. 36~45

E. 46~60　　　　F. 60 以上

3. 您是华裔吗？

A. 是　　　　　　B. 不是

4. 您喜欢武术吗？

A. 非常喜欢　　　B. 喜欢　　　　C. 一般　　　　D. 不喜欢

5. 您第一次是从何处了解武术的？

A. 家族传授继承　　　　　　B. 武侠小说

C. 影视剧　　　　　　　　　D. 学校体育课

E. 互联网　　　　　　　　　F. 武术表演

G. 会武术的朋友或同乡　　　H. 武术专业书籍，刊物，杂志

I. 其它

6. 您觉得学武术是为了什么？

A. 强身健体　　　　　　　　B. 了解体育文化

C. 扩大交际　　　　　　　　D. 磨炼意志

E. 防身　　　　　　　　　　F. 自身喜好

G. 盲目跟风　　　　　　　　H. 其它

7. 您学过武术吗？

A. 曾经学过　　　　　　　　B. 现在还在学

C. 没有学过

8. 您是怎么学武术的？

A. 自学　　　　　　　　　　B. 有自己的武术教练

C. 在武术学校　　　　　　　D. 跟会武术的朋友或同乡学习

E. 其它

9. 您参加过武术比赛吗？

A. 参加过　　　　　B. 没有

9.1 如果参加过的话,您参加了哪一种?

A. 地市级比赛 B. 省级比赛

C. 全国比赛 D. 国际比赛

10. 您周围练武术的人多吗?

A. 很多 B. 比较多 C. 比较少 D. 基本没有

E. 不知道

11. 您对在学校开展武术的态度?

A. 非常支持 B. 比较支持 C. 无所谓 D. 不支持

12. 您对中国武术在古巴的发展有怎样的预期?

A. 乐观 B. 不乐观 C. 不确定

13. 您认为学习武术最大的障碍是什么?

A. 招式太多记不住 B. 基本功太难了

C. 无名师指导 D. 政府支持力度不够

E. 武术学校比较少 F. 其它

14. 您认为推动中国武术发展以下哪个因素最重要?

A. 政府支持 B. 民间武术团体的大力宣传

C. 武术爱好者积极参与 D. 其它

主要参考文献

［1］蔡永强.发展汉语——中级写作［M］.北京：北京语言大学出版社，2012.

［2］曹贤文.内容教学法在对外汉语教学中的运用［J］.云南师范大学学报，2005（3）.

［3］陈灼.桥梁——实用汉语中级教程（下）［M］.北京：北京语言文化大学出版社，2000.

［4］陈灼.桥梁——实用汉语中级教程（下）第三版［M］.北京：北京语言大学出版社，2012.

［5］戴庆宁，吕晔.CBI教学理念及其教学模式［J］.国外外语教学，2004（4）.

［6］韩金龙.英语写作教学：过程体裁教学法［J］.外语界，2001（4）.

［7］哈利（Haley, M.H.），奥斯汀（Austin, T.Y.）.基于内容的第二语言教与学——互动的思路［M］.北京：世界图书出版公司，2006.

［8］胡丛欢，骆健飞.在京留学生学习生活情况调查研究［J］.海外华文教育，2018（6）.

［9］高增霞，刘福英.论学术汉语在对外汉语教学中的重要性［J］.云南师范大学学报（对外汉语教学与研究版），2016（2）.

［10］国家对外汉语教学领导小组办公室.高等学校外国留学生汉语教学大纲（长期进修）［M］.北京：北京语言大学出版社，2002.

［11］罗青松.对外汉语写作教学研究［M］.北京：中国社会科学出版社，

2002.

　　［12］罗青松.发展汉语·中级汉语写作（上）［M］北京：北京语言大学出版社，2006.

　　［13］王初明.从补缺假说看外语听说读写［J］.外语学刊，2006（1）.

　　［14］王初明.读后续写——提高外语学习效率的一种有效方法［J］.外语界，2012（5）.

　　［15］王初明.读后续写何以有效促学［J］.外语教学与研究，2015（5）.

　　［16］武惠华.发展汉语——中级汉语（下）［M］.北京：北京语言大学出版社，2005.

　　［17］武惠华.发展汉语——中级综合（Ⅱ）第二版［M］.北京：北京语言大学出版社，2012.

　　［18］吴双.论过程体裁写作理论在对外汉语写作教学中的应用［J］.现代语文（教学研究版），2008（3）.

　　［19］吴中伟，郭鹏.对外汉语任务型教学［M］.北京：北京大学出版社，2009.

　　［20］杨俐.过程写作的实践与理论［J］.世界汉语教学，2004（1）.

　　［21］杨俐.外国人汉语过程写作［M］.北京：北京大学出版社，2006.

　　［22］袁平华，俞理明.以内容为依托的大学外语教学模式研究［J］.外语教学与研究，2008（1）.

　　［23］张笑难.任务型教学模式在对外汉语写作课中的应用［J］.海外华文教育，2004（2）.

　　［24］张笑难.基于任务型模式的主题单元及教学在对外汉语写作课中的实践［J］.内蒙古师范大学学报（教育科学版），2010（3）.

　　［25］张笑难.网络辅助对外汉语过程法写作教学模式初探，数字化对外汉语教学实践与反思［M］.北京：清华大学出版社，2010.

　　［26］朱甫道，曾加劲.在整体语言学习观下通过主题单元实施以写促学的模式［J］.高教探索，2007（4）.

　　［27］David Nunan.任务型语言教学（Task-Based Language Teaching）

［M］.北京：外语教学与研究出版社，2011.

［28］PeterSkehan.语言学习认知法（A Cognitive Approach to Language Learning）［M］.上海：上海外语教育出版社，2000.

［29］Stephen D. Krashen. The Input Hypothesis［M］. London：Longman.

图书在版编目（CIP）数据

汉语写作：教学法与应用实例 / 张笑难编著. -- 北京：旅游教育出版社，2021.11
　　ISBN 978-7-5637-4327-8

Ⅰ．①汉… Ⅱ．①张… Ⅲ．①汉语－写作－对外汉语教学－教学研究 Ⅳ．①H195.3

中国版本图书馆CIP数据核字（2021）第234617号

汉语写作——教学法与应用实例

张笑难　编著

策　　划	李荣强
责任编辑	陈　志
出版单位	旅游教育出版社
地　　址	北京市朝阳区定福庄南里1号
邮　　编	100024
发行电话	（010）65778403　65728372　65767462（传真）
本社网址	www.tepcb.com
E - mail	tepfx@163.com
排版单位	北京旅教文化传播有限公司
印刷单位	唐山玺诚印务有限公司
经销单位	新华书店
开　　本	710毫米×1000毫米　1/16
印　　张	12.75
字　　数	162千字
版　　次	2021年11月第1版
印　　次	2021年11月第1次印刷
定　　价	58.00元

（图书如有装订差错请与发行部联系）